仏に逢うては仏を殺せ

吉福伸逸とニューエイジの魂の旅

稲葉小太郎

工作舎

仏に逢うては仏を殺せ　吉福伸逸とニューエイジの魂の旅

まえがき

一九九三年七月、私はひとり静岡県下田市の観音温泉へと向かっていた。この日は久しぶりにハワイから帰国した吉福伸逸が、二泊三日のワークショップをリードすることになっていた。

私がこの人物に興味を持ったきっかけは、一九八〇年代に数多く出版された「トランスパーソナル心理学」の翻訳や入門書だった。大学で印度哲学を専攻したものの、もっと実践的な部分を知りたいと思っていた私にとって、吉福が日本に紹介した新しい心理学の流れは魅力的なものだった。

自己とはなにか。心は成長するのか。〈悟り〉とは?

人生のなかで誰もがぶつかるであろう難問に、セラピーの手法をもちいてアプローチする姿勢は、研究室でテキストに向き合うよりエキサイティングで、禅寺で壁に向き合うよりスマートなものに見えた。大学を卒業した私は出版社に就職、取材の名目で吉福の弟子によるワークショップに参加するうち、吉福伸逸その人に対する興味がつのっていった。

そのころ、吉福はすでに伝説の人物だった。ボストンのバークリー音楽院でジャズを学び、帰国後は翻訳家としてニューエイジやトランスパーソナル心理学の文献を日本に紹介、セラピストとしてワークショップをリードした。だが、その実像は謎のベールに包まれていた。顔写真もなかったし、ある日忽然と表舞台から姿を消し、その後はハワイでサーフィンと畑仕事の日々というのもできすぎたストーリーに思えた。

ワークショップの会場に遅れて着くと、ズンズンと響くリズムに混じって、女性の叫び声のようなものが聞こえてくる。早くて深い呼吸をくり返すことによって変性意識（日常とは異なる意識の状態）を生じる「ホロトロピック・ブレスワーク」の真っ最中だった。

入り口で主催者の高岡よし子（C＋F研究所）と話していると、男が二階から降りてきた。

「ちょうどよかった。こちら、吉福さんです」

紹介された人物を見て、ぽかんと口をあけるしかなかった。物理学者フリッチョフ・カプラの『タオ自然学』、鬼才思想家ケン・ウイルバーの『意識のスペクトル』など難解な文献の翻訳者である。学者然とした重厚な容貌を想像していた。

ところが階段を降りてきたのは、くたくたのTシャツに短パン、顔は赤黒く日焼けして、室内にもかかわらずティアドロップ型のサングラスをかけている。

「あ、どうも」

軽く頭をさげるしぐさは、オープンというか気さくというか。初めて会った相手との距離を一瞬にして縮めてしまうものだった。

「こちら稲葉さん、吉福さんにインタビューしたいみたいですよ」

言葉を失っている私にかわって、高岡が話をつないでくれる。

「いいですよ。いまはワークショップの最中なのであとで話しましょう」

拍子抜けするほど簡単に話はつき、私は岡山県倉敷市にある吉福の実家を訪ねることになった。

ＪＲ本四備讃線（瀬戸大橋線）児島駅で列車を降り、駅前のロータリーで待っていると、のどかな風景には似合わないスポーツカーがやってきた。まさか？　と思ったが、映画『バック・トゥ・ザ・フューチャー』（1985）にタイムマシンとして登場するデロリアンＤＭＣ－12ではないか。日本に輸入されたのは数台、価格は数千万円ともいわれるスーパーカーだ。ところが運転してきた本人は、友だちにもらったのだとこともなげにいう。

「ぼくはね、得意なんですよ。人から物をもらうのが。ハッハハッハ」

漁村特有の入り組んだ狭い道を抜け、高台にある立派な日本家屋に到着。吉福の生家だ。庭に面した畳の間に通され、さっそくインタビューが始まった。

丸二日間、食事とトイレの時間をのぞいて吉福は話しつづけた。魅力的なディープ・ヴォイスで、辛口のジョークを交えて、当時ブームだった占いやチャネリングのこと、現代医学と代替医療、セラピーの本質について、死について。日本ではまだあまり知られていなかったテーラワーダ仏教やアメリカ先住民のシャーマニズムのことも、縦横無尽に語りつくした。とりわけ印象的だったのは、仏教でいう〈悟り〉についての洞察だった。書物の受け売りでない、体験に基づいた深い理解がそこにあるように思われた。

一二〇分テープで五本分。私自身、これほど長時間のインタビューをしたのは後にも先にもこのときだけだ。吉福はどんな質問にも正面から、即座に答えた。落ち着いていて、迷ったりいいよどむことはなかった。

「インタビューはどう使っていただいてもいいですよ。まったくかまいませんから」

その言葉に甘えて、私が関わっていたミニコミに掲載、好評を得た。その後も禅僧との対談を企画したり、雑誌『リラックス』（マガジンハウス）ではハワイ・ノースショアの暮らしについて連載してもらったこともある。

吉福から久しぶりに電話があったのは二〇一〇年のことだ。およそ一〇年ぶりに聞くその声はゆったりと深みを増し、とろけるようだった。あいさつもそこそこに「実はね、本を出したいんですよ」という。

タイトルは、『吉福伸逸　最後の講義』。

え！　最後なんですか？　びっくりして尋ねると、そろそろ体力的にも日本に来るのは難しくなってきた。ついては自分の考えをまとめて、後進のセラピストたちのテキストになるような本を作りたい。

「デザイナーの堀渕くんというのがいるから、会って相談してくれない？」

数日後、私は中目黒にある堀渕伸治の事務所へ出かけた。デザイナーらしくセンスのいいオフィスに、キース・ジャレットのピアノが流れていた。

「吉福さんもジャズ・ミュージシャンだったんですよね」

何気なく口にして、返ってきた言葉に椅子から転げ落ちそうになった。

「吉福さんから聞いたの？　あれ、嘘だからね。ぜーんぶウソ！　あの人嘘つきなんだから、信じちゃだめですよ。ハッハッハ」

言葉がなかった。著書にあるプロフィール、私に語った話も全部嘘なのか？　後日、講義の文字起こしが送られてきたが、その場にいた者でなければ理解しにくい内容で、本にするのは難しいというのが正直な感想だった。

二〇一三年四月三〇日（ハワイ時間二九日）、吉福伸逸逝去。享年六九歳。

早すぎると思いつつ、実感がわかなかった。そもそも吉福伸逸という人物は本当に存在したのだろうか？　かつて大型書店の心理コーナーを占領していたトランスパーソナルの翻訳書も、いまは一冊も見当たらないのだ。

ところが二年ほどたったある日、一冊の本が送られてきた。『世界の中にありながら世界に属さない』（サンガ）。例の「最後の講義」の内容を堀渕らがまとめたものだ。ページをひらくと、あの魅力的な声が蘇ってくるようだった。

思い立ってインターネットを検索して驚いた。あるブログによれば、統合失調症を疑われた家族が、吉福との〝セッション〟によって投薬を中止できるレベルまで回復したという。一体どういうことだろう？

さらに検索すると、ハワイでのパドルアウト（サーファーによる追悼セレモニー）の写真が目に止まった。波間に浮かぶサーファーの盛り上がった肩の筋肉を見て、ノースショアで吉福がどのような存在だったのかが伝わってきた。五〇歳を目前にするまでサーフィンと無縁だった人間が、サーフィンのメッカでこのようにリスペクトされているのはなぜか？

吉福が晩年よく使っていたフレーズに「ちゃんと出会わなければ、別れられない」というものがある。その意味では、私は吉福と出会っていなかった。調べるとすぐに、吉福に影響を受けた者、師と仰ぐ者は、心理カウンセラーやセラピストはもちろん、思想、宗教、医療、アート、スポーツの分野に数多く見つかった。財界人にも信任が厚く、吉福に助けられた、人生が変わったと語る者はあらゆるフィールドにいた。

一九九二年におこなわれた「宗教・霊性・意識の未来」のシンポジウムで、宗教学者の島田裕巳が興味深いことを話している。

「吉福さんの書いたものというのは、こういういい方は失礼ですが、あまりおもしろくないなと思っているんです（笑）。人物のほうがはるかにおもしろくて、そのギャップは何かということがひとつの課題で、興味があるんです」

この発言には同意せざるをえない。書いたものがつまらないとはいわないが、ニューエイジやトランスパーソナルの分厚い論書を読んでも、吉福伸逸という人間の存在感、実際に会ったときのインパクトは伝わってこないのだ。

本書は生前の吉福を知る人々を訪ね歩き、証言をつなぎあわせて、この謎多き人物の足跡をたどる試みである。世間的にはまったく無名の男である。本にするほどの材料が出てくるのか、不安もあった。ところが吉福の歩みを追うことは、図らずも昭和史の失われた一側面に光を当てることになった。

七〇年代の終わりから九〇年代にかけて、「精神世界」ブームというものがあった。大型書店には「精神世界」コーナーが設置され、若者たちの実存的な探求心を刺激した。「自分探し」の源流がそこにあり、底流にはオウム真理教を生みだした精神風土が横たわっている。ところがいま、この時代のことは封印されたごとく語られず、知る者は減るばかりだ。

吉福の人生をたどることは、この「精神世界」ブームとはなんだったのか、ふり返ってもう一度考えることでもある。

近年、仏教の瞑想に由来するマインドフルネスが注目され、書店には専門コーナーもできている。自己探求は人間にとって永遠のテーマだ。しかしこの道は果てしなく、曲がりくねっている。

宗教、心の成長、意識の変容、スピリチュアリティ、救い、癒しといったものと私たちはどう向き合っていけばいいのか。本書がこの難しい問題を考える一助となればと思う。

目次

第4部 遊行期 243

第1部
家住期

消された履歴

京都市左京区にある国立京都国際会館は、一九六六年に完成した日本で最初の本格的な国際会議場である。比叡山をバックに、豊かな自然のなかにコンクリートの建物がそびえ立ち、訪れる者に強烈なインパクトを与える。とりわけの威容は、四階まで吹き抜けになった大会議場だ。「一歩足を踏み入れると、自然と背筋がすっと伸びる」と会館のHPにあるが、「足がすくむ」といったほうが正確だろう。

地球温暖化防止京都会議＝COP3をはじめ、歴史的なイベントが数多くおこなわれたこの会議場において、一九八五年四月二三日から二九日まで「第9回トランスパーソナル国際会議（ITA）」がひらかれた。組織委員長は京セラ、KDDIの創業者・稲盛和夫。組織委員としてソニー創業者・井深大、心身医学の草分け池見酉次郎（九州大学名誉教授）、ユング心理学を日本に紹介した河合隼雄（京都大学教授）と樋口和彦（同志社大学教授）、茶道裏千家家元・千宗室、哲学者・西谷啓治（京都大学名誉教授）、人類学者・山口昌男（東京外国語大学教授）といった、経済界の大物、心理学や哲学、医学の第一人者が名を連ねた（肩書きは当時）。

プレゼンターはアポロ9号の宇宙飛行士ラッセル・シュワイカート、生物学者・認知科学者でオートポイエーシス理論のフランシスコ・ヴァレラ、臨死体験の研究で知られる精神科医エリザベス・キュブラー＝ロス、精神科医ジョン・ウィア・ペリー（黒船のペリー提督の子孫）、箱庭療法を開発したユング派心理学者ドーラ・カルフ、歴史家で南アフリカズールー族の占い師でもあるウズマズール・クレード・ムトゥワらに加え、スタニスラフ・グロフをはじめとするトランスパーソナル心理学の論客たち。日本側からは、仏教学者の玉城康四郎や樋口和彦も登壇した。

これら専門分野が違えばバックグラウンドも異なる、バラエティ豊かな講演者たちをとりまとめ、総合司会をつとめたのが吉福伸逸。この会議の最中に出版されたトランスパーソナル心理学の理論書『意識のスペクトル』（春秋社）の翻訳者である。一般的な知名度はないに等しい吉福の起用は異例の抜擢ともいえるが、あらゆる意味でこの会議を仕切るには最適の人物であり、他に適任者は見当たらなかったというのも事実だ。

ところでトランスパーソナル心理学とはなにか。同会議の発表をまとめた『宇宙意識への接近』（春秋社）に河合隼雄が書くところを要約すれば、次のようになる。

――アメリカにおいてはアカデミックな心理学の主流は行動主義的な考えをもとにしていたが、一九三〇年ごろより精神分析（フロイト派）の考えがこれに加わり、二大潮流を形成する。これに対して一九六〇年ごろに「第三勢力」として、アブラハム・マズローなどが提唱した人間性心理学が台頭する。人間性心理学は、人間を「生成過程」にあるものとして捉え、人間の価値、自由、意思などをも取り上げていこうとした。しかし、このような態度からすぐに次の発展段階が生じ、ほかならぬ人間性心理学の提唱者たちが、トランスパーソナル心理学を提唱することになる――。

自己啓発の分野でマズローの「欲求の五段階説」は広く知られるところであるが、そのマズロー自身が、五段階の最上位に位置する「自己実現欲求」のさらに上に、「トランスパーソナルな欲求」があるといい出したのだ。

トランスパーソナルtranspersonalとは「個を超える」という意味の造語だ。神秘体験、宗教的な体験、至高体験など通常の心理学では扱わない領域を研究対象として、トランスパーソナル心理学が産声をあげたのは一九六九年。以後、物理学や生物学、文化人類学、医学、宗教学、社会学、アートなど学際的な広がりを見せつつ、ほぼ二年に一回のペースで国際会議がひらかれていた。

いまから三〇年以上前の日本で、各界のビッグネームを集めて、これほど先進的な国際会議がひらかれていたことに驚くほかはない。会議のあとには数十冊の関連書が出版され、一時期は大型書店の心理コーナーをトランスパーソナル心理学関係の書籍が占めるほどだった。

ところがこのあと、トランスパーソナル心理学は広く一般の認知を得たとはいいがたい。いまでは「トランスパーソナル」という言葉を知る者さえ少ないだろう。

一体なにがあったのか？　実は、日本でトランスパーソナル心理学がおどろくほどの速さで注目を集め、その後、忘れられてしまった経緯にも、吉福伸逸が大きく関係していたのである。

吉福伸逸とは何者だったのか？　なぜ忽然と、表舞台から消えてしまったのか？

ナゾを解く旅は、一九七〇年代の東京からスタートする。

第1章

カウンター・カルチャーの聖地から

一九七〇年代後半、東京・新大久保に奇妙な〝聖地〟があった。JR山手線新大久保駅からまっすぐ東へ歩き、明治通りを渡ってしばらく行くと、三階建のマンションが見えてくる。階段を最上階まで上ったたつきあたり。2DKの小さな部屋は、昼夜を問わずさまざまな客が訪れる場所になっていた。週末の夜ともなれば玄関は靴でいっぱいになり、入りきらないぶんが共用の廊下にずらりと並んだ。

髪とヒゲを長く伸ばしたヒッピーのような男たち。いかにも芸術家風もいれば、大学の先生らしき人物もいる。この場にはそぐわない女優かモデルのような女たち。世界中を旅してきたようなくたびれたバックパッカーに混じって、あどけない顔の学生もいる。

オレンジ色のローブをまとい、首からネックレスを下げているのは〝現代の覚者〟バグワン・シュリ・ラジニーシの弟子、ネオ・サンニャーシンだ。

「なむみょうほうれんげきょう」

白と黄色の袈裟を着た男は、玄関を出ると同時に声をはりあげて題目を唱えはじめた。日蓮系の新宗教、日本山妙法寺の修行者だ。

あかりを落とした六畳の部屋に、十数人が肩を寄せ合うように座っている。なにかを議論しているかたわらで、じっと目をつぶり、自分の世界に入り込んでいる者もいる。

「サタデーナイト・パーティ」

部屋の主はそう呼んでいたらしい。ジョン・トラボルタ主演の映画『サタデーナイト・フィーバー』のもじりならベタすぎるけれど、この映画の原作タイトルが『*Tribal Rites of the New Saturday Night*（新しい土曜の夜の部族儀式）』であることを知れば、奇妙な集まりにふさわしいネーミングに思えてくるのである。

部屋の主は、吉福伸逸《よしふくしんいち》。一九七四年のはじめ、三〇歳のときに、八年間の海外暮らしから帰国したばかりだった。このころ吉福の部屋を訪れたグラフィック・デザイナーの堀渕伸治は、当時のことをよく憶えている。文芸書から写真集までさまざまな装丁を手がける堀渕も、この時は初々しい国際基督教大学の一年生だった。

「ぼくが吉福さんに会ったのは一浪して大学に入った年だから、一九七四年の春くらいだと思います。兄の清治とその友だちの藤井悟さん（故人）と三人で、吉福さんのマンションを訪ねたんです。ふたりは前の年にアメリカ西海岸のバークレーを旅行して、吉福さんに会っていたんですね。そのときよっぽど楽しかったんでしょう、兄と藤井さんは就職もしないでアメリカに行くことにした。ところが入れ替わりに吉福さんが日本に帰ってくることになって、ぼくが紹介されたというわけです」

吉福は帰国する前の数年間、カリフォルニア州バークレーに住んでいた。UCバークレー（カリフォルニア大学バークレー校）の正門から伸びるテレグラフ・アベニューは、サンフランシスコのヘイト・アシュベリーと並ぶヒッピー文化、カウンター・カルチャーの〝聖地〟だ。吉福はこの地で生まれ、花ひらいた文化の洗礼を浴びた。

一九六〇年代に既存の体制、親世代の価値観への反発から生まれたカウンター・カルチャーは、反戦・反核運動からコミューン活動、エコロジー、フェミニズム、フリーセックス、代替医療、ロック・ミュージック、ドラッグ・カルチャーまで、幅広い盛り上がりを見せた。正統的なキリスト教信仰に対抗するものとして、禅やインド哲学、道教といった東洋の宗教思想が注目され、ネイティブ・アメリカンの世界観が見直された。こうした新しい価値観を背景に語られる話が、面白くないはずはない。

とはいえ吉福が、こうしたムーブメントを日本に伝えようという明確な意図を持っていたかというと、それはわからない。

「吉福さんは、そのころはなにもしていなかった。半年くらいなにもしてないっていってたような気がする。なにか、家のことをいろいろしてましたね。日曜大工みたいに家具を作ったり、部屋の壁塗りとか手伝わされましたもん。押し入れの襖をはずして本棚を作ったり、ベランダでスノコも作りましたね」

堀渕はやがて毎日のように新大久保のマンションに足を運び、吉福も一二歳年下で繊細な感性を持つ堀渕を弟のように可愛いがった。

「吉福さんは人懐っこくてフレンドリーで、とっても魅力的だったんです。ひとまわり年の離れた相手と心をひらいて話し合うことってないでしょう？　そういう場を自然に作ってくれる人なんですよ。ぼくよりはるかに大人で、いろんな経験もある。そういう前提でアプローチすると、なんでも教えてくれたんですね」

ちなみに堀渕伸治の兄・堀淵清治は、のちにサンフランシスコでビズコミュニケーションズを設立、日本のマンガを英訳して紹介し、アメリカにマンガブームを巻き起こした人物である。

一九七四年二月に『チベットの死者の書』(講談社)を翻訳したアーティスト・作家・翻訳家のおおえまさのりによれば、吉福は日本には立ち寄っただけで、すぐにでもインドへ行くつもりだったという。

「ぼくの二冊目となる旅行記『空なるものの愛に捧げる歌』(講談社)が七四年の七月に出て、その出版パーティに吉福さんがやってきたの。デイヴィッド、本名は菅谷くんっていうのが、バークレー時代の知り合いだって連れてきたんです。吉福さんはアメリカでサンスクリットを勉強して、またすぐ勉強のためにインドに行くんだって話していました」

ところが、このときのインド行きは実現しなかった。なぜか? おおえの妻で画家のおおえわかこは、吉福が突然、国立の家を訪ねてきたときのようすを憶えている。

「おおえは不在だったので私が対応しましたが、そのときの吉福さんの格好に仰天してしまってね。テンガロンハットにマントを羽織った異様な感じで。まあ、この人は一体どこからやってきたんでしょうって思ってしまいましたよ。あいにくおおえがいないことを告げると、吉福さんは生徒ひとりに対して、講義してくださったのね」

今インドへ行き来している人たちには大いに問題がある。グル＝教祖に従い、自我を捨てることが〈悟り〉だと思っている。ところが日本人の多くはいまだ自我が確立されていない。まずきちんと自我を確立して、それを超えていくのでなくてはいけない。そのことをおおえさんのような人がちゃんと指導しなければいけない。

「ははーっとね、ひたすら拝聴しましたよ。でも逆に、吉福さんに対して親近感をおぼえましたね。すっとんだ世界を体験してる人だから、もっと途方もないことを考えているのかと思ったら、案外、常識的なところもある。話せばわかる人かもしれないなあって」

おおえまさのりは、帰国当時の吉福の心情をこう推測する。

「日本の精神世界の状況を見て、なんというひどいありさまだ。この状況を変えなきゃいけない、と思ったんでしょう。新しい宗教教団ができて、そのたびにぼくらの友だちがさらわれていく。自分がないままに無我の境地を目指しても、依存になってしまう。まず個人というものを確立して、それを超えて行くというプロセスが必要なんではないか。それが次の、トランスパーソナルにつながっていくんですけどね」

アメリカ西海岸のムーブメントを目の当たりにしてきた吉福が、当時の日本の状況に落胆していたのは確かだろう。高度経済成長はすでに終わりを告げ、オカルト・世紀末がブームになっていた。一九七三年に『日本沈没』(小松左京著　カッパノベルス)、『ノストラダムスの大予言』(五島勉著　祥伝社)がベストセラーとなり、七四年二月にはスプーン曲げのユリ・ゲラーが来日。テレビを見て、自分もスプーンが曲がったという子どもが続出した。謎の飛行物体UFO、ネス湖の恐竜も話題になった。戦後生まれた新興宗教が信者を集め、既存の宗教、仏教界はそれを傍観するだけだった。

「これはなんだ?」

バークレーで出会った若者たちは、自己とはなにか、真実の生き方とはなにか、真剣に模索していた。サンフランシスコ禅センターのアメリカ人僧侶たちは、代々の寺を継ぐ日本の僧侶とは違い、本気で〈悟り〉を求めていた。比較して、日本は遊びの域を出ないものばかりではないか。

「誰もいない……」

それが偽らざる実感だった。自分が体験してきた世界について、共通の言葉で話ができる相手がいないのだ。

そんなときに出会った一歳年上のおおえまさのりは、カウンター・カルチャーの分野での数少ない先駆者だ。おおえの父、四代目大江巳之助は紫綬褒章を受けた人形製作者で、現在文楽で使用される首《かしら》の八、九割は大江の作といわれる。だが父の仕事を継ぐことなく、映画製作を学ぶためにアメリカに渡ったおおえは〝LSDの伝道師〟ティモシー・リアリーや、のちに『ビー・ヒア・ナウ』を書くリチャード・アルパートと知りあう。彼らによる『チベットの死者の書　サイケデリック・バージョン』を読み、ネパールで『死者の書』(エヴァンス=ウェンツ版)に出会い、日本語に翻訳するいきさつは自著『魂のアヴァンギャルド　もうひとつの60年代』(街から舎)にくわしい。吉福にとっては同じ世界を知る仲間であり、「共通言語」で話せる数少ない相手だった。

言葉が通じなければ、教えればいい。そう思ったのだろうか。インド行きを止めた吉福は自宅でサンスクリットを教えはじめる。そこへやってきたのが浄土宗僧侶の河野秀海（現・一般社団法人森になる代表理事）。大阪の室町時代から続く寺の長男に生まれたが、高校を卒業して放浪の旅に出る。九州から沖縄諸島へとわたり、洞窟を寝ぐらに一年間暮らしたこともある。その後上京し、吉祥寺でライブハウス「曼荼羅」の工事を手伝いながら大学に入学。たまたま入った喫茶店で、ガリ版刷りの不思議なチラシを手にする。

「サンスクリット語講座」

河野は驚いた。ちょうど大正大学の梵文学科でサンスクリットを学びはじめたばかりだったからだ。サンスクリットはインド・ヨーロッパ語系の古い言語で、『バガヴァッド・ギーター』、『ラーマーヤナ』などの聖典や大乗仏教の経典を記した言葉である。講座がある大学さえ少ないのに、ましてや個人で教えるとはどんな人なのだろう。いぶかしく思いつつ電話をかけると、やわらかく、あたたかみのある声が出た。聞けばUCバークレーの大学院で、インド人の先生に三年間マン・ツー・マンで習ったというではないか。

「興味があったら、いつでもいいから、来てみたら?」

魅力ある声でそういわれて、抵抗することはできなかった。大学で学ぶサンスクリットは、遺跡で発掘された仏典の断片から全体を復元するための学問だ。数・性・時制・格がきわめて厳格に規定された文法を利用して、一ページに数文字しか残されていない写本を再現するのだ。だが吉福が教えるサンスクリットは、それとは趣を異にするものだった。

「吉福さん手書きの、おそらくアメリカで使っていたテキストで文法を説明しながら、自分って一体なんなんだろう？　たとえば数が1、2、3と増えていくように、自分が未分化の状態からだんだん成長していく、それを実感しながら進んでいく。面白かったですね」

言語を用いた〝気づきのレッスン〟とでもいうのだろうか。思考を根底からひっくり返すような問答をくり返すうちに、世界がまるで違うものに見えてくる。新大久保のマンションでおこなわれる少人数のクラスは、自分が自分でなくなってしまう恐怖心と、日常の世界から目覚めへと向かう、わくわくするような気持ちがあったという。

この年の一一月、自己と社会の変革を目指すゆるやかな集まり「オーム・ファウンデーション」（おおえまさのり主宰）が設立される。友人に誘われてその道場開きに参加したのが早稲田大学一年生の篠田隆司。三輪隆のペンネームをもつカメラマンでもあり、現在はタイ少数民族の子どもを支援するNGO組織「さくらプロジェクト」の代表をつとめる人物だ。

予備知識もないまま長野県清水平の古民家に着くと、囲炉裏を囲んで髪の長いヒッピーが一〇人ほど座っている。そのなかで特別な存在感を放っていたのがおおえまさのりと脚本家・映画監督の宮田雪、そして吉福だった。

物静かなおおえに対し、吉福はよくしゃべった。アメリカ滞在中に読んだカルロス・カスタネダ『ドンファンの教え』の衝撃、現地でのヒッピー・ムーブメントやカウンター・カルチャーの現状について、議論が盛り上がった。

埴谷雄高、吉本隆明らの本を愛読して議論には自身があった篠田も話に加わるが、なにをいっても論破される。吉福は初対面の相手にも辛辣で、まったく容赦がなかった。

「あんた、なにもわかってないね」

「一度アメリカに行ってみるといいよ」

いい負かされたのはショックだったが、逆にアメリカという国に興味がわいた篠田は翌七五年春、新大久保を訪ねる。

「吉福さんのマンションってなにもないんですよね。それこそ断捨離後みたいに簡素な感じで。吉福さんは髪の毛が長くて、イケメンではないんだけど、独特の愛嬌のある顔、あれにまずやられますよね。きれいなマンションはイメージが違うなって思ったんですけど(笑)。いろいろ話を聞くとかつてはイケイケのジャズ・ミュージシャンで、マンションはトランペットの日野皓正に貸してたとか。奥さんのＨＩＲＯさんもいたんですが、眉を剃って能面みたいな、暗黒舞踏の人みたいな異様な感じがして」

清水平のこともあってさらに哲学書を読み、理論武装していった篠田だが、今回もなにをいっても論破される。いい負かされると、自分をよく見せたいという気持ちが生まれる。相手はそこを巧妙に突いてくる。

「どうしてそう思うんだい?」

「それはあなたの問題じゃないの?」

そうして話しているうちに、気分が悪くなってしまう。

「コーヒーを飲んで、がーんとバッドトリップしてしまったんです。身体にきて、倒れそうになって帰ったのを憶えています。あんなこと初めてで、コーヒーになにか入れられたかと思ったくらいです。吉福さんの強烈な存在感と、相手のエゴをえぐりだしていくやり方に圧倒されてしまったんですね。しばらくは、怖いところだ。あそこへ行くとまた落とされる。そういう強烈な体験をしましたね」

そんな目に会いつつも篠田は吉福のつてを頼りにアメリカへ渡り、堀渕清治や藤井悟のほか、『ローリング・サンダー』(アメリカ先住民のシャーマンのことを書いたベストセラー)の著者ダグ・ボイドにも会っている。吉福とサンスクリットを勉強した元クラスメートらしき白人男性は、「ヨシフクはすごい。あいつは天才だ」としきりに話していたという。

作家・翻訳家でエコロジスト、二〇〇五年から二〇一〇年まで「国際環境NGOグリーンピース・

ジャパン」の事務局長をつとめた星川淳も、最初期に吉福と知り合ったひとりだ。一九七四年、インドでバグワン・シュリ・ラジニーシ（晩年に〝和尚〟と改名）の講話を聞いて衝撃を受けた星川は、帰国して翻訳作業を続けていた。七七年に『存在の詩』（めるくまーる）として出版され、今日まで読み継がれるロングセラーとなる内容である。

「七五年の夏くらいになるのかな、あるとき知り合いから〝面白い人がいるよ〟っていわれて、あの大久保のマンションに会いに行った気がします。日本では当時、こういう分野はすごく狭いコミュニティでしたから、人脈は重なってたと思うんです。そのころ吉福さんはなにをしようとしてたか？　あんまりはっきりしたものはなかったと思いますよ。いろんな人に会って、芋づる式にね、なにをやろうかって物色してたんじゃないでしょうか」

吉福のことを語るとき、誰もが「面白い人がいる」、「すごい人がいる」という。それはどんなニュアンスなのだろう。

「当時日本で、アメリカのニューエイジのことを肌でわかっていて、伝えてくれる人っていなかったんですよ。英語に堪能で、スピリチュアルな世界に関してちゃんとした知識もないとダメだし。単なる旅人じゃなく、知的な角度から話ができる人は希少だったと思いますね。ただぼくからみて、当時の吉福さんは特別な人には見えなかった。とりあえずアメリカから帰ってきて、いろんなこと知っていて、話が面白い。それくらい。ただ、すごく感受性が豊かで、話がすっと伝わるのね。日本人ではそれは珍しかったですね」

話が伝わるのをよろこんだのは、吉福も同じ。古今東西の宗教、神秘思想を縦横に語るラジニーシも興味深かったが、それ以上に吉福の心を捉えたのは、星川淳その人だったと思う。星川の訳文は美しく詩的で、本質をつく深さがある。欧米では危険なカルトと見られがちなラジニーシが、日本では知識人にも受け入れられているのは星川の功績だろうし、このあと吉福が翻訳の面白さに目覚め、ニューエイジやトランスパーソナルの文献を翻訳することになるのは、星川との出会いが大きいと思われる。ふたりはこのあと、八〇年代を通じて多くの本を共同で訳していく。

「吉福さんはね、伝宝明徳くんっていうオーム・ファウンデーションでいろいろやってた彼が連れてきたんです。そのときはアメリカでジャズをやってたけど煮詰まって、音楽を捨てて日本に戻ってきたばっかりで。自分にはなにもないんだって、すがすがしい感じ？　面白いなあって思ったから、一ページ空けるから書いてみませんかって」

こう話すのは『なまえのないしんぶん』の発行人あぱっち（本名・浜田光）だ。現在も続く同新聞の93号（1976.3.20）、「へェージャズやってたの!?」という記事がそれだ。七六年といえば帰国してすでに二年がたっていたはずなのに、「戻ってきたばかり」で「なにもない」ようすだったというのだから笑ってしまう。

ここまで来るとこの男は、無気力だからなにもしないのではなく、あえて「なにもしない」ことを「して」いたのではないかと思えてくる。道教でいう「無為」、目的や効率を優先する現代社会のあり方とは逆の、あるがままにまかせてなにかが起こるのを待つ、オルタナティブな道を模索していたのか。

本章の冒頭に書いた「サタデーナイト・パーティ」がスタートするのは、それからほどなくのことだ。

「原稿を書いてもらってしばらく音沙汰なかったんだけど、そのうち連絡があって、新大久保のマンションをオープン・ハウスみたいにして、週一回パーティをやるから遊びにきてって。そこにいろんな人が集まるようになって、これは面白いなと、よく行くようになったのね」

音楽ライター・翻訳家のムロケンこと室矢憲治は、バークレーに滞在していたときに「吉福さんっていうすごく面白い人がいた」という噂は聞いていたという。

「帰国して雑誌『宝島』に、若者が葉山でコミューンみたいに住んでいるという記事を書いたの。そうしたら吉福さんから電話がかかってきて、会いにきてくれたんです」

記事は「サンセットハウスの住人たち」（同誌1976.5）。意気投合したムロケンも吉福の家に足を運ぶようになる。

「悩んでいる人がいると、本質を突くような言葉をいきなり、ズバッという。面白かったですね。

音楽の話もよくしましたね。吉福さんはジャンルにこだわらない人で、みんなでレコードを持ち寄って聴いたこともあります。遅くなると、ムロケン泊まっていいよって。部屋のインテリアもきれいにしていて、この人はなんでもできる素晴らしい人だなって思いました。照明も影がきれいに映るようにすごく気を使って、それこそあの時代、ティモシー・リアリーがいった〝いいトリップのためには、セットとセッティングが大事だ〟みたいな、そんな話もしたような気がするなあ」

帰国当初の吉福の行動が、ぼんやりと見えてくるだろうか。話の通じそうな相手がいれば会いに行き、興味を持ってやってきた者を迎えいれ、友だちに友だちを紹介し、そうしてすこしずつ、友だちの輪を広げていった。暗闇で手探りするように、仲間を増やしながら、自分のやるべきことを探っていたのだ。

新大久保のマンションを訪れる人数は、次第に増えていった。狭い2DKの部屋に四、五〇人が押しかけることもあった。日本人離れしたオープンな性格、フレンドリーで人懐っこい笑顔、初対面だろうと関係なく、まるで前世からの親友のように接する態度には、どんな人見知りも頑固者もあっというまにトリコとなった。

底知れぬ自信に満ちあふれ、どっかりとハラの据わった態度で、ときには辛辣に、相手の存在を根底からひっくり返すような言葉を浴びせることもあったが、それもまたニュースタイルの〝禅問

[上] 子どもを抱いた女性の右隣りが当時三十代前半の吉福伸逸。ひとりおいて星川淳、右端は早稲田大学の学生だった篠田隆司。おそらく一九七六年、西荻窪駅のホームにて。
[下] デーヴァナーガリー文字を黒板に書きながらサンスクリットを教える吉福。ほびっと村学校の「サンスクリット語講座」の一コマと思われる。
Photos by Hikaru Hamada

答〟のようで、かえって心奪われる者が続出していた。低く落ち着いた声には不思議な説得力があった。つじつまの合わない話もこちらに対する難癖も、落ち着いた声で語られると異様なほどのリアリティを持った。

この人は自分の知らない世界を知っている。こちらの心の中さえも見えているのではないか？一九や二〇歳の若者たちがコロリといかれてしまったのも無理はない。一度出会ってしまったら後戻りできない魅力があった。

インド帰りの旅人たちや、〝部族〟を名乗るヒッピーたちが出入りする。映画『ホピの予言』を撮る宮田雪、『ジロがいく』の漫画家・真崎守、日本山妙法寺の出家僧も足を運ぶ。星川淳（スワミ・プレム・プラブッダ）ら、サンニャーシンも増えていく。西荻窪のほびっと村の住人、プラサード書店を運営するきこり（槙田但人）も顔を出し、詩人・山尾三省、『宝島』編集長の北山耕平（本名・小泉徹）、デザイナー青山貢、室矢憲治、細川廣次など、出版、ライターの人脈もできていった。

東京大学教授で社会学者の高橋徹、『気流の鳴る音』の真木悠介（東京大学教授・見田宗介）、原発問題で知られる翻訳家・サイエンスライターの田中三彦の顔もあった。世界的なアーティスト杉本博司、東大安田講堂の写真で有名な渡辺眸、瞑想指導者の山田孝男も常連となった。こののち日本のニューエイジ*、「精神世界」のムーブメントを形成する、オールスター揃い踏みの感がある。

ヒッピーのコミューンを題材にした映画『スワノセ第四世界』を監督し、のちにホリスティック医学の紹介者となった翻訳家の上野圭一は「さながら野武士の集まり」と評した。いままさになにかが生まれるエネルギー、雰囲気がみなぎっていた。

彼らは「こころある旅」をともに歩む仲間だった。一九七九年にこの場所で、C＋Fコミュニケーションズがスタート。吉福と仲間たちの活動の場となっていく。はたして吉福がそれを、どこまで意図していたのかはわからないのだが。

＊「ニューエイジ」という言葉はここでは、アメリカで七〇年代から八〇年代にかけて流行した、既成宗教とは異なる精神性、スピリチュアリティを求めるムーブメントを指す。本書で「日本のニューエイジ」というとき、それは吉福伸逸を中心としてアメリカから輸入されたニューエイジの知的で良質な部分のことであり、「精神世界」の自己探求的な部分、ニューサイエンス、トランスパーソナル心理学へと続く一連の流れを指している。

第2章

「精神世界」とニューサイエンス

帰国した当初はさしたる目的意識もなく、なんとなく毎日を過ごしているように見えた吉福だが、周囲に人が集まってくると、さすがに格好がつかないと思ったのだろうか。重い腰を上げ、すこしずつ動きはじめる。

吉福が書いた最初期の文章に、オーム・ファウンデーションの機関誌『AUM』7号（1975.8）への寄稿がある。「TONAL & NAGUAL　呪術師ドンファンの宇宙」と題された文章は、こんなふうに始まる。

「エル・パソからロサンゼルスへのバスの中で知り合いになった大学生が『これは面白い本だよ！』と、見せてくれた一冊の本『ドン・ファンの教え』が、僕を混乱の暗闇から太陽の下への道案内をしてくれることになろうとは、そのときは考えてもみなかった」

一九六〇年、UCLA（カリフォルニア大学ロサンゼルス校）で学ぶ文化人類学者カルロス・カスタネダは、調査のために訪れたメキシコ国境付近でヤキ・インディアンの老人ドン・ファン・マトゥスと出会う。やがてふたりは師弟となり、ドン・ファンは幻覚植物をもちいた修行をカスタネダに課す。その顛末を書いた著作は六八年に発売されるやベストセラーとなり、世界中のカウンター・カルチャー、ニューエイジ・ムーブメントに圧倒的な影響を与えた。

TONAL（トナール）とは私たち個々の意識のこと。NAGUAL（ナワール）はトナールを囲む未知の領域、始まりもなく終わりもないもの、語ることのできないものであり、パワーの源なのだという。私たちは、目に見える現実、思考がおよぶ世界がすべてだと思っている。だがその外に、言葉では表現し得ない、想像することすらできない、「非日常的意識」の領域がある。それは幻覚でも狂気でもなく、もうひとつの現実＝リアリティなのだ……。この考え方と出会って、吉福は目をひらかれた。ドン・ファン＝カスタネダは初期の吉福にとってもっとも重要なテーマとなり、くり返し文章でとりあげ、講座で話すことになる。

一九七六年、北山耕平が編集長をつとめる雑誌『宝島』（JICC出版局＝現・宝島社）に、立て続けに吉福の名前が並ぶ。「ぼくたちはもうひとつ別の生き方を提案します」とコピーが掲げられた一月号には、「どうでもいい世界」と題した二ページのエッセイ。二月号は「童話・どうでもいい世界」、三月号は「ふっとした瞬間」、四月号では「カルロス・カスタネダ　ドン・ファンの力」と題してふたたびドン・ファンについて書く。『AUM』への寄稿から一年もたっていないのに、文章はずっと読みやすく、語りかけるような文体になっていることに驚く。

いつどこで吉福と会ったのか、北山は憶えていない。おそらく『宝島』の編集者をしていた青山貢（故人）に連れられて、新大久保のマンションを訪れたのだろう。

「〝面白い人がいる〟って。そこにサロンみたいなのができていて、週に一回か二回くらいかな、友だちみんなで集まって話をしていたんだよね。煙のように集まって、煙のように消えていく。ぼくは勝手に〝吉福学校〟と思っていたんだけど、とにかく、〝わかってる〟人だからさ。ジェリー・ガルシアに似てると思う、吉福さんの存在の仕方がね。知の世界のガルシアみたいなもんですよ」

ジェリー・ガルシア（1942–95）はアメリカのロックバンド、グレイトフル・デッドのリードギター兼ボーカリスト。その言動、ライフスタイルも含めて、ヒッピーたちのカリスマ的な存在である。

北山はのちに『ローリング・サンダー　メディスンパワーの探求』（ダグ・ボイド著　北山耕平＋谷山大樹訳　平河出版社）や『ネイティブ・マインド』（地湧社）によって、アメリカ先住民の世界観を紹介することになるが、そのきっかけも吉福だった。

「そのころ吉福さんは『ブラック・エルクは語る（*Black Elk Speaks*）』という本を翻訳しようとしてい

て、大学ノートに独特の字でびっちりと書いてるのを見せてくれたの。それがきっかけでぼくもアメリカに行って、まったく偶然にローリング・サンダー本人に出会って衝撃を受けたんです。帰国してそれを吉福さんに話したら、ダグ・ボイドの本を教えてくれて、翻訳することになったのね」

その後も翻訳について教わったり、結婚式では仲人をしてもらったり、いまでも恩義に思っているという。

「吉福さんについてしゃべるのは難しい。ひとことではいえないんだけど……、やっぱりやさしい人だったとしかいえないな」

出会った者の多くが口々に、「吉福さんはやさしかった」という。それは情に厚いというレベルではなく、肩書きや見た目にとらわれず相手を受け入れ、深いところで共鳴・共感する能力だったようだ。吉福の周囲に多くの人材が集まったのは、この共感力ゆえだったろう。

「ぼくがアメリカ・インディアンに惹かれたのも、多分、それなんだよ。彼らが持っているある種のやさしさだよね。それがあって、彼らは存在する。ローリング・サンダーも、吉福さんも同じだね」

翌七七年、三冊の本が出版される。吉福逸郎名義で青山貢らと共同編集した『オレンジ色を聴いたかい？　ビートルズからベイ・シティ・ローラーズまで』はロックの歌詞集。『こころある旅インド』は作家の其馬基彦、山尾三省、真崎守、プラブッダ、渡辺眸らとともにインドへの思いをつづった本。『ジェームス・ディーン　青春に死す』（ジョン・ハウレット著　吉福逸郎訳）は若くして死んだ映画俳優の評伝で、版を変えて何度も増刷されている隠れた人気作だ（いずれもエイプリル出版）。

吉福ならではの仕事もあるが、場当たり的というか、まだ方向性を模索している感も否めない。おおえまさのりや星川淳との出会いによって、アメリカのオルタナティブ・カルチャーを日本に紹介するというヴィジョンは生まれていたが、それがより明確に形になっていくのは編集者・三澤豊と知り合い、メンタル・アドベンチャー・マガジン『ザ・メディテーション』（平河出版社）に関わるようになってからだ。

「ぼくが吉福さんに会ったのは、おおえまさのりさんに相談したら、〝面白い人がいる〟と。この人に会えば、いろいろ人を紹介してくれるからって、それで吉福さんのところに行ったんですよ。要するにね、編集長になったはいいけど、〝メディテーション〟ってイメージがわかなかったんです。そのころ瞑想って言葉もポピュラーじゃなかったし、原稿を書いてくれそうな人も知らなかったし」

三澤豊が話す。平河出版社は宗教団体阿含宗（七八年に観音慈恵会から改称　代表は故・桐山靖雄）の出版部門だ。阿含宗は教団のイメージアップ、一般層への浸透を狙って新しい雑誌の創刊を計画。そこで白羽の矢が立ったのが当時まだ二〇代で、大衆向け雑誌の記者をしていた三澤だった。とはいえ三澤もなにをどうやっていいかわからず、とりあえず紹介された吉福を訪ねる。新大久保のマンションに入ると、奥にどんよりと暗い四畳半があり、背の高いウッドベースが立てかけてあった。
「編集者って好奇心旺盛でしょう。聞いたら、元はプロのジャズ・ベーシストで、黒人のものすごい演奏を聞いて自殺未遂したって。そのトラウマがあって、いまもジャズのレコードを聴くことさえできないって。なんかすごく、それが印象に残ってるね。ぼくね、毎日しつこく行って、探索してましたから。吉福さんとつきあっていればなにか企画が出てくるだろうと、ほとんど毎日通ってたから。しつこい男だと思ったろうね、吉福さんも（笑）」

三澤は桐山靖雄に見込まれただけあって、どこか憎めないところがある人物。吉福も気に入ったのだろう。こうして吉福と三澤のタッグ・チームが誕生する。

『ザ・メディテーション』創刊2号（1978.1）では早くも北山耕平、プラブッダ、松田隆智、山尾三省など、見なれた名前が並ぶ。吉福は特集「精神世界の本ベスト１００」を担当。『*The Tao of Physics*（タオ自然学）』『*Be Here Now*（ビー・ヒア・ナウ）』『*The Myth of Freedom*（タントラ狂気の智慧）』など、翻訳中や翻訳することになる本をずらりと紹介している。

このベスト１００の内容が興味深い。まず英語の原書と翻訳書がちょうど五〇冊ずつで、このジャンルが当初、主にアメリカから輸入されたものだったことがよくわかる。分野別では、ラジニーシもふくめたインド哲学関係がもっとも多く一九冊、中国や日本の禅に関するものが一四冊、チベット仏教が九冊。SFをふくむ文学が一五冊。そのほか環境問題が五冊、カスタネダなどネイティブ・アメリカン関係が四冊、占星術関係が四冊、オカルトが三冊、ドラッグ関係が三冊などなど。東洋の宗教思想に関するものが大半を占め、心理系は『原初からの叫び』(アーサー・ヤノフ著 中山善之訳 講談社)の一冊のみ。これが当時の、吉福のアタマの中だったと考えていいだろう。

「精神世界」という言葉はこのとき、おおえまさのり、吉福伸逸、三澤豊の三人の話し合いのなかで生まれた。

「こういう本を出すときにどういう言葉がいいのか、吉福さんとぼくと三澤さんで話し合っていて、ぼくが〝精神世界〟がいいんじゃないかっていったの。英語だったらスピリチュアル＝spiritualでしょうけど、精神、だけじゃつかみどころがないから、〝精神の世界〟ということで。そういうジャンルがなかったからね。それまでは仏教や宗教コーナーに置かれていたけど、やっぱりこれは宗教とは違うんですよ」(おおえまさのり)

いま思えば「精神世界」とはよく名づけたと思う。そこには宗教、神秘思想から、瞑想、スピリチュアリティ、癒し、オカルト、占いまでを含みつつ、特定の信仰や主張に偏らないニュートラルな響きがある。この言葉によって読者層は大きく広がり、やがて七〇年代の終わりには新宿の紀伊國屋書店をはじめ全国の大型書店で「精神世界フェア」が開催され、「精神世界コーナー」の書棚が形成されていく。

三澤は3号目以降も吉福にアイディアを求め、共同作業で誌面を作っていく。

「吉福さんの人脈には、ほんと救われましたね。だって次から次へと著者が出てくるんだもん。しかも吉福さんの紹介だと、みんなこころよく引き受けてくれる。仕事のつきあいじゃないんだろうね。人間と人間の出会いだから、みんなすごい協力してくれましたね」

『ザ・メディテーション』3号（1978.4）の目玉は吉福、松岡正剛、真崎守の三人による鼎談「ドラッグを超えるもの」だ。ジャンルを超越したユニークな雑誌『遊』（工作舎）の編集長として、大車輪の活躍をしていた松岡との出会いである。

「正剛さんは、ぼくが吉福さんに会わせたんです。ぼくが著者を選ぶときの基準はロジックじゃなくて、匂いね。松岡正剛さんと吉福さんは同じ匂いがする。だけども異質。この異質なふたりを会わせたら、なにか起こるんじゃないかって」

吉福と松岡は初対面にもかかわらず、まるで古くからの〝朋友〟のように、深いところで共感しているようすに三澤は驚いたという。

4号（1978.7）は「インド」特集。このとき吉福は初めてインドへ渡り、星川淳からずっと「のろけ」を聞かされていたバグワン・シュリ・ラジニーシのアシュラムを訪問。「グルとは何か」と題して論考を書いている。

ところが同じ号の別のページ、「インド幻想を超えて」と題した対談記事では、インド人青年たちに辛辣なセリフを語らせている。

「ラジネーシを例にとっても明らかだけど（中略）、彼らがやっているのはインド哲学の根本的理念の商業化ということだ。ひどいことだと思う」

ラジニーシの語る言葉や、瞑想とサイコ・セラピーを合体させる革新的な試みを評価していた吉福だが、一方ではグルを盲信し、すべてを明け渡してしまうようなあり方は疑問視していた。吉福は生涯、宗教的な権威に対して否定的で、ソー・ホワット？　という態度だった。

5号（1978.10）の「瞑想の科学」特集では、物理学者フリッチョフ・カプラのエッセイ「ブッダと物理学」、インド生まれの〝賢人〟クリシュナムルティと物理学者デヴィッド・ボームの対談「真の知性とは何か」を翻訳。「精神世界」を神秘として捉えるのではなく、実証的にアプローチしようという姿勢が見て取れるが、こうした最新のテキストもすべて、吉福が提供したものだった。バークレー時代の友人やその後同地に渡った日本人たちから最新情報がもたらされ、その知識は常にアップデートされていたのだ。

6号（1979.1）の特集は「精神世界の本ベスト８００」。２号の「ベスト１００」が好評だったのか、わずか一年後に拡大版の登場である。吉福の名前は浜田光、堀渕伸治、真崎守、山田孝男、斎藤次郎らとともに「協力」とクレジットされているが、プラサード書店のきこりによれば、この特集は吉福が中心になって選書したものだという。その内容を聞いたきこりは、掲載された本をすべて自分の店であつかうことを決意する。

「特集の最後の半ページを買い取って、すべての本の通信販売に対応、洋書も取り寄せますって広告を出したんです。そうしたらものすごい問い合わせだったわけ。プラサード書店がやっていけると思えたのはそのおかげなんです。プラブッダが訳したラジニーシの本なんて、毎月百冊単位で注文してたから」

宗教学者・島薗進の力作『精神世界のゆくえ』（東京堂出版）によれば、日本における「精神世界」のパイオニアは雑誌『ザ・メディテーション』であり、書店における「精神世界フェア」が開催されるのは、同誌の「精神世界の本」特集以降である。

三澤やきこりが話すとおりなら、『ザ・メディテーション』2号以降の特集をディレクションし、二度の「精神世界の本」特集を中心となって選書したのは吉福なのだから、少なくとも初期の自己探求的な、知的で洗練された「精神世界」は吉福によって生み出されたものといっていいはずだ。ところが『精神世界のゆくえ』において吉福伸逸の名前は、翻訳者として数か所出てくるのみである。

『ザ・メディテーション』最終号の7号（1979.4）は「カリフォルニア精神文化論」。吉福は三澤とともにバークレーに渡り、堀渕清治が住んでいた家（アメリカンフットボールのオークランド・レイダースオーナー、エドワード・マッグオーの豪邸）を拠点に取材。『ビー・ヒア・ナウ』のラム・ダスと対談、『タオ自然学』のカプラをインタビュー。そのほか、上野圭一による「カリフォルニア・メディテーション」、小泉徹「私のカリフォルニア日記」、藤井悟「スピリチュアル・スーパー・マーケット　青空の下の市場」などの企画が並ぶ。

このとき、ニューエイジ、スピリチュアル分野の専門書店シャンバラ・ブックスを訪れ、大量の書籍を購入したことも印象深い。

「平河で『マインドブックス』という翻訳書シリーズを計画していて、シャンバラ・ブックスに行って、よさそうな本を集めようと。そうしたら吉福さん、すごいのよ。タイトルと著者だけ見て、パッパッて棚からとって。宗教から神秘思想、心理学まで、あっというまに段ボール箱いっぱい。三〇分もかからなかったね。あれは驚いた。ハンパな英語力じゃないし、その分野についての理解力もね。尊敬しちゃった」（三澤）

船便で送ったダンボールには、百冊以上の本がつめ込まれていた。これらの原書を出版社との相性を考え割りふったのも吉福だという。グルジェフ、ウスペンスキー、クリシュナムルティ、ルドルフ・シュタイナー、オルダス・ハクスリー、ヨギ・バジャンなど、宗教、神秘主義関係は平河出版社。カプラ、ライアル・ワトソン、ジェームズ・ラブロックなどニューサイエンス系は工作舎（すでに版権を取得していた本も多かった）。チベット仏教の高僧チョギャム・トゥルンパはめるくまーる。そのほか、のちに春秋社から発刊されるトランスパーソナル心理学の書籍も含まれていた。

ところがこのバークレーでの取材中、三澤は体調を崩してしまう。くわしくはのちに書くが、カプラのインタビューのあいだもうつむいたままで、まったく仕事ができなくなってしまったのだ。三澤の不調が原因かどうか、阿含宗が三億円をつぎこんだ『ザ・メディテーション』は7号で休刊。一方この仕事で自信を得たのだろう、七九年は吉福伸逸にとってブレイクスルーの年となる。

七九年一月には全米でベストセラーになった『ビー・ヒア・ナウ　心の扉をひらく本』（ババ・ラム・ダス＋ラマ・ファウンデーション著）、『東方への旅』（ロバート・グリーンフィールド著）を同日出版（ともにエイプリル出版）、九月には自身の活動拠点として株式会社C＋Fコミュニケーションズを設立、一一月にはこちらも全米ベストセラー『タオ自然学　現代物理学の先端から「東洋の世紀」がはじまる』（工作舎）を翻訳出版。日本に帰国して五年。ようやく世間が吉福伸逸という存在に気づいた年といってもいいだろう。

まず、吉福の翻訳のなかでも代表的一冊といわれる『ビー・ヒア・ナウ』について。この本がアメリカで出版された当時のことを、共訳者の上野圭一が憶えている。

「この本は一九七一年、ぼくがバークレーに住みはじめて、その日か翌日くらいに出会ってるんですね。本が出てまもない時期で、周囲の連中が夢中で読んでる。これと『呪術師と私　ドン・ファンの教え』の二冊は、どこの家にいっても机の上にころがっている状態でした。ところがみんなが読んでディスカッションしてるからぼくも読んでみたんですが、わからないんですね。英語としての意味はわかるけど、なんでこんな本がこんなに注目されるんだって。それでときどき読み返したりしていて、そのうち少しずつわかるようになって、最終的には吉福さんと一緒に翻訳するようになったんです」

アップルの創業者スティーブ・ジョブズも七四年、この本を読んでインドへ渡ったのは有名な話。吉福も上野と同時期にバークレーにいたのだから、この本の重要性はもちろんわかっている。ところが吉福は、最初は翻訳を断ったというから不思議だ。おおえまさのりが話す。

「アメリカでベストセラーになっていた『ビー・ヒア・ナウ』を、これをなんとしても日本に紹介したいと、いまバークレーにいる〝部族〟の風砂子・デ・アンジェリス、彼女を経由してぼくのところに話がきたんですね。ぼくはあんまり、現代英語というのが得意じゃなかったから、吉福さんのところへ持っていって、頼んだの。訳してほしいって。ところが吉福さんは首を縦にふらない。それで岡山の実家まで行って頼み込んで、ようやく引き受けてもらったの」

岡山まで同行したおおえわかこはそんな話し合いがあったことをまったく知らず、海岸で泳いで遊んだ記憶しかないという。それにしてもなぜ吉福は『ビー・ヒア・ナウ』の翻訳をためらったのか。

「『ビー・ヒア・ナウ』は、彼のスタンスとはすこし違うかもしれない。似てるけど、ちょっと違う。ちょっと宗教っぽいところがあるからね。だからなかなか引き受けてくれなかったんだと思いますよ」(おおえまさのり)

カウンター・カルチャーの聖書といわれる『ビー・ヒア・ナウ』は三部構成だ。第一部はハーバード大学の心理学教授だったリチャード・アルパート(1931–2019)が学内でシロサイビン、LSDなどのサイケデリックス(幻覚剤)を使った実験をおこなって解雇され、インドへと渡り、ニーム・カロリ・ババというグルに出会うまでの物語。第二部は気づきの言葉、箴言の数々。第三部はヨーガや食事法、健康法など実用的な内容である。第一部だけ読んでも、当時のアメリカ最高の頭脳がいかにドロップアウトしたかがわかって興味深い。

吉福が翻訳をしぶった理由は、同日発売された『東方への旅』のあとがきにほのめかされている。二年ぶりにバークレーに戻ってみたら、かつてインド哲学をともに学んだ友人は俗っぽいビジネスマンになっていた。『ビー・ヒア・ナウ』を日本に紹介しても、ただ流行に乗ってインドへ行ったり、グルに追従する若者が増えるだけではないのか?

しかし、このあとがきには続きがある。場所は変わってニューヨーク。友だち(アーティストの杉

本博司だろう）のロフトで会った美術評論家の男に、カリフォルニアの精神世界などナンセンスだと決めつけられ、

「ぼくの中の巡礼者が目を覚ました」。

かつておおえわかこを相手にまくしたてたように、安易な神秘へのあこがれは批判していた吉福だが、自己を探求し、精神的に成長したいと願う気持ちまで否定されるのは抵抗があったのだ。なんとも複雑なメンタリティだが、これが吉福の一筋縄ではいかないところなのだ。

結果的に『ビー・ヒア・ナウ』は上野圭一のほか、斉藤光人、山崎浩一、高橋ハジメらを加えて翻訳された。詳細な注を作成したのは青山貢と堀渕伸治。ブックデザインは杉浦康平である。

初版では第二部は英文のままだったが、八七年に平河出版社から改訂版が出た際に、星川淳が訳したものに吉福が手を加えて完成させた。平河版は三〇年以上も版を重ねるロングセラーとなっている。

同じ年の一一月、『タオ自然学』が出版される。ニューサイエンス（当初はニューエイジ・サイエンスといった）ブームの先駆けとなるベストセラーを書いたのは、オーストリア出身の物理学者フリッチョフ・カプラ（1939–）。パリ大学で高エネルギー物理学の研究をしていたときに鈴木大拙（1870–1966）の著作と出会い、先端科学の理論と東洋思想の符合に驚き、いきすぎた物質主義・要素還元

主義に警鐘を鳴らすべくこの本を書く。一九七五年、アメリカで発売されるやたちまちベストセラーとなった。

　この翻訳作業において吉福は、生涯の友となる翻訳家・サイエンスライターの田中三彦と出会う。田中は東京工業大学卒業、日立製作所の子会社バブコック日立に入社し、福島第一原発の原子炉圧力容器の設計に関わったのち、七七年に退社したばかりだった。

「吉福さんと会ったのは、七八年になるのかな。そのころぼくはアメリカに留学して勉強し直そうと準備をしてたんですが、家族もいるしどうしようかなって考えていたときに、うちのカミさんを通じて、工作舎の十川治江さんから話がきたんです」

　いかにも研究者肌の田中が話す。吉福がこの本の存在を知ったのは七七年の雑誌『ニューリアリティーズ』の記事だった。すぐにも翻訳したいと思ったが、自分は根っからの文系人間。周囲にサイエンス系の英語に堪能な人間はいない。そこで、十川を通じて田中三彦が推薦されたのだ（田中の妻・純子と十川は、早稲田大学理工学部の同級生）。

「元はジャズ屋だったというから、カッコいい人かな」

　打ち合わせのため新大久保のマンションへ向かいながら、田中は想像をふくらませていた。ところが部屋に入るや香の煙がただよい、なんとも怪しげな雰囲気である。椅子はなく、畳の部屋にあぐらをかいて座わった時点で、背広を着てきたことを後悔していた。トイレを貸してもらうと、壁はきれいな水色に塗られている。変わった部屋だなあとびっくりしたが、部屋の主はさらに強烈なインパクトだった。

眼の前にいたのは、〝ライオン丸〟だった。髪の毛はもじゃもじゃと逆だち、顔にはニキビのあとのような凹がたくさんあいている。田中の父は日本塑性加工学会の会長をつとめた田中浩。学者の家に生まれ、自身も学者を目指そうとしていた田中にとって、想像を絶する出会いだった。

「断絶してるんですよ、完全に。そんな世界があったのかって。文化系と理科系どころじゃなくて、住んでいる世界がまったく違う。どういう話をしていいかわかんない。のちにね、お互い半分の世界しか住んでなかったねって笑ったんだけど。顔のブツブツは、確かめなかったけど、あれは酒の飲み過ぎだろ?」

なにからなにまで違ったふたりだが、なぜかウマが合った。十川治江も意外そうにいう。

「エンジニアだった田中さんと吉福さん。あれだけ離れた世界のふたりが合うんだろうかって心配だったんです。でも予想外に意気投合されて(笑)。三彦さんもビル・エヴァンスが好きで、ご自身もピアノを演奏されるので、どこか深いところで共感したんだと思いますね」

翻訳の振り分けは明確だった。サイエンスの部分はすべて田中が担当し、それ以外の部分は吉福と島田裕巳、中山直子の三人が訳した(宗教学者の島田裕巳は、このとき東京大学の博士課程で学ぶ大学院生だった）。

「たまたま章ごとにはっきりわかれていたので、うまく分けられましたね。ときどきぼくのところで仏教の用語が出てきて、鈴木大拙のこれはどういう意味だって吉福さんに質問すると、一生懸命説明してくれるのね。彼はサンスクリットも読める人だったから、ぼくにとってはそういう世界のお師匠さんだね」

原稿に関して面白いエピソードがある。翻訳が進んで、工作舎に見せに行くことになったとき、田中としては初めての翻訳の仕事だから早めに進めていたし、吉福もかなり進んでいるような口ぶりだった。ところが新宿駅で待ち合わせ、工作舎のある渋谷に向かう途中で「どれくらいやったの」と聞いたところ、吉福は指を二本出して、

「ペラ二枚」。

思わず吹き出した。二〇〇字詰めの原稿用紙を「ペラ」というが、四〇〇字なら朝起きてからでもできる。

「ぼくもたいして進んでなかったけど、え？　と思ったね。ただね、吉福さんの文章って美しいんです、へーって思うような言葉をうまく使って」

八〇年代に月に一冊のハイペースで翻訳をした吉福の仕事が遅かったというのは驚きだが、編集担当だった中谷美恵（旧姓内田）によれば、吉福を缶詰にしてもそこから遁走するということがしば

しば起こり、その結果、田中三彦が呼ばれたというのが真相らしい。

『タオ自然学』は発売されるや話題となり、ニューサイエンスは新しい知の潮流として注目されることになる。

吉福と田中はこのあともカプラ『ターニング・ポイント』、『非常の知』、ケン・ウィルバー『量子の公案』を翻訳(いずれも工作舎)。田中個人としてもアーサー・ケストラー『ホロン革命』(工作舎)、ブライアン・スウィム『宇宙はグリーン・ドラゴン』(TBSブリタニカ)、M・ミッチェル・ワールドロップ『複雑系』(新潮社)などサイエンス分野の重要なテキストを翻訳していく。

「還元主義に対する批判やホーリズム、そういうものを訳すのが楽しかったですね。今でもぼくの行動の基準にはそれがあります。吉福さんにはものすごい影響を受けました。翻訳のプロセスのなかでいろんなことを憶えたし、あの人自身から学んだことも多かった。理論と実際の行動は違うけど、ぼくなんかよりよっぽど一貫性のある人だから」

田中は一九九〇年に『原発はなぜ危険か』(岩波新書)を著し、二〇一一年の東日本大震災以降は、国会の事故調(東京電力福島第一原子力発電所事故調査委員会)にも加わり、積極的に発言していくことになる。

第3章

二〇世紀の三蔵法師

一九八〇年二月、吉福が主幹をつとめるC＋Fコミュニケーションズが制作した『別冊宝島⑯精神世界マップ』（JICC出版局）が発売される。目次には「精神療法」、「悟りの心理学」、「幻視宇宙学」、「肉体と魂の瞑想療法」、「神秘学　ヨーロッパ・アメリカ編」、「環境デザイン学」、「ニューエイジ・アカデミズム」、「伝統をつぐ賢者たち」、「神秘学　アジア編」といったタイトルが並ぶ。

「精神世界」、「ニューエイジ」という言葉がカヴァーする領域の、知的で良質な部分だけを取捨選択して取り上げたこの本は、ムックという形式にもかかわらず九〇年代まで版を重ねる異例のヒット。「精神世界」に興味を持ち、自己成長や意識の変革を目指す若者たちにとって、文字どおりの〝地図〟になったのである。

吉福は「精神療法」から始まって、全章にわたって企画、執筆を担当。巻末のプロフィールには「ニューエイジを全分野にわたって日本に紹介・定着させることに賭ける翻訳家」とある。帰国当初の「なにもしない男」はずいぶんとやる気になっていたようである。

同じ年の一二月一七日、朝日新聞朝刊の「探検　人　その現場」欄に、吉福のインタビューが掲載される。

「『精神世界』といった言葉でくくられる神秘思想の見直しや東洋思想と西洋の論理との新たな出会いを扱った一連の本が多くの読者を獲得している（中略）。『タオ自然学』（工作舎）などの翻訳と同時に「神秘学講座」の定期開催などを通じてこうした動向の〝目〟になっている『C＋Fコミュニケーションズ』主宰者吉福伸逸さん（三七）は、六〇年代後期の米国で、人生の転機を経験した」

「精神世界」がブームになっていた当時の状況と、吉福がその中心的な存在であったことが伝わってくる。C＋Fコミュニケーションズについては、「翻訳、デザイン、編集などを請け負う株式会社であると同時に私塾でもあり、悩める若者の駆け込み寺のようでもある」と紹介されている（傍点筆者）。

株式会社C＋Fコミュニケーションズ（以下C＋F）が設立されたのは一九七九年九月。その前後の事情を、河野秀海が話してくれた。

「私が吉福さんのところに通いだした七四、五年のころは、サンスクリット語講座くらいしかなかったんです。伸治くん、青山貢さん、プラブッダ、写真家の渡辺眸さん、そのへんの、好きなときに遊びにきていたのが第一世代ですね。そのうちどんどん人が増えていって、メンバーが変わりはじめたんです」

当初出入りしていたバークレー時代の友人、〝部族〟を名乗るヒッピーやラジニーシの弟子のサンニャーシン、インド帰りのバックパッカーなど、得体の知れない面々と吉福のあいだには、濃密でディープな関係があった。

やがて青山貢や北山耕平など、翻訳家や編集者、カメラマン、デザイナーといったクリエイティブ系の人材が増えてきた。七〇年代終わりには上野圭一がアメリカから帰国し、田中三彦、JICC出版局の編集者石井慎二（のち洋泉社社長）も顔を出す。

「転機は奥さんのHIROさんとお別れしたころかもしれませんね。そのあたりで空気が変わったような気がします。講座も毎日やるようになって、集まる人の幅が出てきたんですね」（河野）

有能な人材が集まりはじめて、これはなにか仕事にしようよ、という機運が高まっていった。その際ヒントになったのは、松岡正剛率いる工作舎だったようだ。

「あるとき吉福さんとふたりで松濤の工作舎に遊びに行ったんです。工作舎がいちばん元気だったころで、広告の仕事もやっていて、デザイナーや編集者、学生のアルバイトもいっぱいいて、その熱気に吉福さんもびっくりしていましたね。帰り際に、〝こういうのやりたいんだよね〟って吉福さんがいったのを憶えています」（堀渕伸治）

このころ、篠田隆司の元に吉福から電話があった。哲学者から文学者、物理学者まで注目すべき人々を取り上げた雑誌『遊』の特集（9・10号「存在と精神の系譜」：『遊学』1・2　中公文庫）に触発され、自分たちも同様のものを作りたいという。さっそく篠田、堀渕、河野による勉強会が始まった。『精神世界マップ』はその最初の成果だった。

「みんな忘れていると思いますけど、吉福さんがアイディアを出してくれっていったとき、〝コスモス・ファクトリー〟という名前を提案したのはぼくなんです」（篠田）

コスモス・ファクトリーは、七〇年代に活動した日本のロックバンド。コスモス（宇宙）のファクトリー（工場）。精神世界やニューサイエンスの制作チームとして、ぴったりのネーミングではないか。とはいえ、バンド名そのままではまずいだろうと、CとF、イニシャルをとることにした（ただし、C＋Fの名前の由来について吉福自身は終生語らなかったため、関係者のあいだでも諸説があることを記しておく）。

星川淳がその場でロゴを描き、青山がデザインを仕上げた。

関係者が少しずつ資本金を出し合い、株式会社として法務局で登記の手続きをしたのは河野秀海だ（代表取締役は吉福伸逸、のち青山貢）。

ほとんど知られていないことだが、初期のC＋Fは新宿のスタジオアルタの開設にも関わっている。もとは三越系の食品デパート「二幸」があった場所に、フジテレビと三越の合弁による多目的スタジオが開設されたのは一九八〇年四月のこと。上野圭一が語る。

「アメリカから帰ってなにもやることないんで、まあ翻訳でもやろうかって考えていたら、フジテレビで同期だったディレクターから、新宿のあの場所でなにかやりたいんだけどって相談を受けたんです。ぼくも暇だったので立ち上げだけ手伝ったんです」

「アルタ」という名前のルーツも、上野だという。

「最初はオルタナティブalternativeの〝オルタ〟って出したんですよ。最初のコンセプトが、ぼくからみたらオルタナティブ、いまでいう持続可能性みたいな、そういうビジネスを目指しているっていうから、オルタでいいんじゃないかって。そうしたら女性向けに〝アルタ〟のほうが音がいいって、〝アルタ〟になったんです。蓋をあけてみたら初期の志とはまったく違うものになって、やめちゃったんですけど」

スタジオアルタのオープニング・イベントでは、プラサード書店のきこりもブースを出した。

「吉福さんから連絡があって〝きこり、新宿にプラサード書店の2号店を作ろうよ〟っていうわけ。聞いてみたら、新しくスタジオができるんだけど、それをC＋Fがやるからって」

きこりによれば当初、スタジオアルタは単なるテレビ番組のスタジオでなく、ビデオや写真のスタジオ、レコーディング・スタジオ、印刷、コピー、製本、書店、レコードショップなど、あらゆるメディアを市民が作ることができるマルチメディア・センターを作る計画もあったという。

「プラサード書店は一軒でいいからって断ったんだけど、スタジオのこけら落としのとき、上野さんに頼まれて本屋のブースを出したのね。昼間は店を出して本を並べて、夜はサンディ&ザ・サンセッツのコンサートをやったりするから、ぜんぶ片付けないといけないからたいへんだったの」

このイベントのようすは、ビル外壁に設置された「アルタビジョン」にも映し出された。アルタの最初の広報誌『in/out』も青山貢、高橋ハジメ、堀渕伸治などC+Fのスタッフにより作られた。

しかし、この〝オルタナティブ〟なスタジオアルタはすぐに多額の赤字に陥ってしまう。立て直しのためにフジテレビから派遣されたのが、まったくの偶然なのだが私の義理の父、西岡香織（故人）だった。西岡はわずかな期間で不採算部門を整理し、スタジオ経営を軌道に乗せる。タモリが司会をつとめる『笑っていいとも!』が始まるのは八二年一〇月。吉福とタモリのニアミスはこのときが初めてではないのだが、それについてはいずれ書こう。

一九八〇年七月、吉福はC+Fの同人だった竹田恵津子と再婚。別の場所に新居を借り、新大久保のマンションは本格的にC+Fの拠点となっていく。

出版関係者の出入りも増え、新しい仕事がどんどん舞い込んできた。河野秀海がある日顔を出すと、女性スタッフが“Apple”と書かれた英文資料に取り組んでいる。アメリカの新しいコンピュータのコンセプトを紹介する文書だという。徒歩よりも自転車のほうが早く遠くまで行けるように、思考をアンプリファイ（増幅）するものとしてコンピュータがある――スティーブ・ジョブズによる有名な「Wheels for the mind」のコンセプト。アップル・コンピュータを日本に紹介した文書は、C＋Fによって翻訳されたものだった。

このころC＋Fに出入りするようになったのが、国際基督教大学出身の翻訳家・菅靖彦だ。

「ぼくはヒッピー的な生き方にあこがれていて、三〇歳くらいまでフリーターみたいな暮らしをしていたんです。大学でも劇団に入って、当時普及しはじめたビデオカメラを持って現代美術や舞踏、バレエ、ジャズの演奏など前衛芸術を片っ端から撮影していたんですね。でもお金にならない世界だから、やっぱりこれじゃいかんなって思っていたときに、同じ大学出身の恵津子から吉福さんを紹介されたんです」

一八〇センチを超える長身に、ウェーブのかかった髪。おしゃれな雰囲気の菅が語る。菅によれば、吉福は当時、自分が若いころにアメリカで体験したことを、日本で紹介したいという願望を持っていた。そのためには戦略的に、目立つように一気にやろうと、語学力のあるスタッフが集められたのだという。

「吉福さんがみんなの前にニューエイジの潮流に関する本を何十冊と持ってきて、こういうのがあるんだけど、やってみないかと、みんなに問いかけたんです。上野圭一さん、田中三彦さん、芹沢高志さんもいましたね」

若い翻訳者たちの前に積まれた本には、三澤豊とともにバークレーの書店で仕入れてきた本も多く含まれていた。

「ケン・ウィルバー、グロフもありました。とにかく各人が好きなものを選んで、いっせいにやろうじゃないかっていうことになったんです」

『西遊記』のモデルとなった唐代の僧・玄奘三蔵（602–664）は、天竺（インド）から持ち帰った膨大な仏教経典を翻訳する際、多人数の翻訳チームを結成してシステマチックに翻訳していった。そのことを思い出させるエピソードである。

菅が最初に手がけたのは、イギリスの人類学者ローレンス・ブレアによる『超・自然学』（平河出版社）。訳しては編集者に突き返され、本が出るまでに丸三年かかったが、そのあいだ吉福が仕事をする姿をかたわらに見ながら、その存在を感じながら学んでいったという。

「吉福さん自身、翻訳について誰かに習ったわけではないけれど、やっぱり理解力があるし、いろんな分野の知識もたくさんある。日本語も上手ですごく明快な文章書きますしね。なんでもつっこんで考え、いう人でしたから、そういう点でも参考になりましたね」

一九八一年一〇月、C＋Fコミュニケーションズは杉並区堀内へと拠点を移す。元は医師が自宅兼医院として使用していた建物を借り、二階に吉福とデザイナー青山貢のスペースを設け、しばらくして入り口近くの部屋に田中三彦が陣取った。

この場所で吉福は、いよいよ集中的に翻訳の仕事に取り組んでいく。その翻訳というのも独特のものだった。

最初は、吉福自身が訳文をノートなどに書きとめ、それを堀渕伸治らが原稿用紙に清書していた。やがて翻訳を口述して、テープに吹き込むというスタイルを思いつく。河野秀海がその姿を記憶している。

「吉福さんはそのころグルジェフの翻訳をしていたんですが、ベッドに横になって英語の本をザーッと読んでいくんですね。ある程度読んだら日本語にして、声に出してカセットテープに録音する。それを誰かに文字起こししてもらう、ということをやってましたね」

オフィスを堀内に移してからは、テープに入れる手間も嫌い、口述をスタッフが直接原稿用紙に書き取る方法に移行する。当時、この作業を手伝っていたのが小川宏美（旧姓田崎）。八二年四月に開校した実践編集塾「C＋Fフォーラム・エディトリアル」に塾生として応募し、そのままスタッフとして残ったひとりである。

「私が入ったころは、みんな原稿用紙に手書きでやっていたのね。でも吉福さんは訳すのが早いから、手書きだと時間がかかるじゃないですか。だからいつも、訳してはスタッフが書き終わるのを待って、また翻訳する、というふうにしてましたね」

自ら翻訳する以外に、若い翻訳者が下訳したものを日本語として仕上げることも多かった。その際も、間違いを正して終わりというものではなかった。

「下訳が上がってきたものを原書と一字一句引き合わせして、赤を入れるんです。吉福さんはすごい入れますよ、単語も変えるし。ほとんど全部書き直すくらいに真っ赤に修正を入れていましたね」（小川）

このころ翻訳スタッフのひとりとして仕事をしていたのが、現在西荻窪で書店「ナワ・プラサード（プラサード書店改め）」を営む高橋ゆり子だ。上智大学を卒業後、当時の夫・高橋実と吉福の講座に出たことがきっかけで、のちに翻訳の仕事をするようになった。チベット仏教の高僧チョギャム・トゥルンパの『タントラ　狂気の智慧』（めるくまーる）は高橋による労作である。

「私はなんにも知らないで、書かれていることに毎日ぐさぐさ刺されながら、血を流しながら訳してましたね。そうして私が下訳したものに吉福さんが赤を入れて直すんです。もう真っ赤ですよ。その真っ赤な原稿を清書して、それをまた編集者の和田穹男《たかお》さんがチェックして。一冊訳すのに一年、いや、もっとかかったかな。私、子育て中だったたから」

吉福は翻訳の内容はもちろん、訳語の選択に関してもきびしかった。『マジカルチャイルド育児法』(日本教文社)の翻訳のとき、吉福や菅はinfantやbabyという言葉を「赤ん坊」と訳した。高橋は「〝赤ちゃん〟じゃないの?」と訴えたが、冷たく却下されたという。

一冊の本を翻訳するにあたって、できるなら事前に著者と会い、その人物像を訳文に反映させるというのが吉福のポリシーだった。この本はジョセフ・チルトン・ピアスという五〇代の男性作家が書いた本だということで、固めの訳文を選択したのだろう。ただ吉福は、カリフォルニアでフェミニズムの思想にふれていたとはいえ、戦中生まれの男性として、古い男女観を引きずる部分もあったようだ。

「吉福さんはものすごくなんでも知ってるし、私、ちょっと被害妄想入ってたのかもしれないけど。でも、吉福さんがmindfulっていう言葉を〝自覚〟って訳したときは、感動しましたね。いまマインドフルネスが流行っているけど、〝自覚〟なんて訳す人は誰もいないでしょう。なんて美しい訳だと思って。ものすごくものが分かってる人だなって思いましたね」

一日中座りっぱなしで翻訳作業に没頭していた吉福だが、夕方の五時になるとぴたりと仕事の手を止め、歩いて一〇分くらいの居酒屋「ふるさと」に夕飯を食べにいくのが日課だった。

「みんな、行くよ」

その声を合図に、スタッフが動き出す。開店したばかりの店に大勢で乗り込み、頼むのはいつも五五〇円の定食だった。

「居酒屋を目指して、吉福さんのあとを沢山の人がぞろぞろついていく。〝ハーレムの王様〟といったら悪いけど、吉福さんはみんなの希望の星だったんです。当時、アメリカのニューエイジ・カルチャーを運んできてくれる人、誰よりも知識も経験もあって、解放されているように見えたんですね」

第4章

本来の面目

「ぼくは松岡正剛さんの〝遊塾〟の塾生でもあるのですが、松岡さんは書物を通じて世界のあらゆる思想を編集していく。それに対して吉福さんはダイアローグの人なんです。なにかを体系づけるというよりも、一対一のセッションで真価を発揮する。それがのちの、セラピーのほうにつながっているると思うんですね」

篠田隆司が話す。アメリカ西海岸の新しい思想潮流を紹介する吉福の手腕は、出版界でも認められつつあった。ところがその〝本来の面目〟はむしろ、ワークショップの現場にあった。自身がかつて体験したことは、道元のいう「不立文字」、言葉では説明しがたいものだった。これを伝えるためには、実際にその世界を直に体験させるしかなかったのだ。

これから書くことは、ほとんど語られたことはないし、翻訳者としての吉福しか知らない人にとっては意味不明かもしれない。おおえまさのりは「人を抜き差しならないところに追い込んで精神を解き開くハードなワークショップ」と呼んだ。私がC＋Fの講座に出た九〇年代にも、「吉福さんのワークショップは怖かった」と伝説になっていた。それは、一体どんなものだったのか。

はじまりは一対一の対話だった。新大久保のマンションでの篠田隆司への〝口撃〟についてはすでに書いたが、最大の被害者はもっとも早く吉福と知り合い、長い時間をともに過ごした堀渕伸治だった。

「最初はまあ、世間話ですよ。でも世間話なんて三分ももたないでしょう。そこからなにかのきっかけで踏み込んでくるんですね。吉福さんはとにかく口が達者なので、ぼくなんかが敵《かな》う相手じゃない。それが父親が説教するようなパワーでくるから、きついんですよ。相手の尊厳なんておかまいなしだから」

「眠ってる場合じゃないだろう」

「目を覚ませ！」

きびしい言葉は、警策《きょうさく》（坐禅修行の際、修行者の肩や背中を打つ平らな棒のこと）の一撃か。とはいえ大学に入学したばかりで、まだしばしまどろんでいたかった若者にとっては、ありがた迷惑であったに違いない。

「ぼくは可愛がられてたと思いますよ。それだけきつく当たられたし、しょっちゅう泣きながら帰ってましたね。そのころはＩＣＵの近くに住んでいたから、帰れるときは最終電車。帰れないときは吉福さんのところに泊まる。泣きながら帰っても、また次の日は行く。それだけ魅力的だった？　うーん、取り憑かれていたというほうが正しいかもしれない」

サンスクリットを習っていた河野秀海も、同じ体験をしている。とにかくなにをいっても論駁される。相手の論理的矛盾やエゴの核心部分を突くことに関して、吉福は天才的だった。

「それは誰が望んでいるの？」

「それはエゴじゃないのかい？」

握っている拳《こぶし》の指を一本一本引きはがすように、自我をむき出しにされ、向き合うことを強いられる。

「誰でもそうでしょうけど、要するに、ハッピーだったら、自分に向き合おう、自分を変えようなんて気持ちにならない。にっちもさっちもいかないところまで追いつめられないと、本気で探求をはじめないいんですよ。そこまで追いつめて、〝さあいけ！〟って。吉福さんはそういう存在でしたね」（河野）

そこまでされても、彼らがまた吉福のところへ出かけていくのはなぜなのか？

「吉福さんは人のエゴをえぐるようなきついことをいうんだけど、基本的には愛情があってやさしいんです。だから、突き放されたり、突き落とされたりしても、もう一回ついていきたいと思わせる。で、こちらがコツをつかんでくるとわかってくれて、目配せして褒めてくれるんです。それで、こんどは一緒になって誰かを落としたり（笑）、そういうのができると褒めてくれましたね」（篠田）

この〝禅問答〟はずっとのちまで、生涯に渡って吉福の十八番だった。ワークショップの自己紹介の途中でも、打ち上げの席でも、ホテルのロビーでも、それは突然始まり、とことん相手を追いつめるまで続くのだった。

一対一の対話がこんなふうだから、講座、ワークショップといっても、生やさしいものではなかった。吉福にそれらの区別があったかどうかも疑問だ。

一九七六年に「西荻フリースクール」がスタート。七七年四月に「ほびっと村学校」と改称されたスペースで、吉福は「コズミック・イングリッシュ」、「サンスクリット語講座」などいくつかの講座を受け持っている。なかでもおおえまさのり、山尾三省と担当した「光・ONE・アートマン」の講座に出ていたのが、東京大学で宗教学を専攻していた中野民夫（現・東京工業大学教授）だ。

「おおえさんが山羊髭を生やして、仙人みたいなしずかな感じなのに対して、吉福さんはニコニコしてるけど口はきつい。〝やばい感じ〟ってよくいってたの。〝この人と会っちゃうとやばいよ〟って。通りいっぺんの言葉や説明では通用しないというか、壊されていく感じ?」

東京大学に入学したがなんとなく周囲と馴染めず、バイクで日本一周の旅に出たり、インドを貧乏旅行したり。いまでいう「自分探し」の先駆者だった中野にとって、見田宗介、おおえまさのり、吉福伸逸が先生だった。

「そのなかで吉福さんは、わがままというか勝手というか。人を悪くいうときはバンバンいう。ぼくは槍玉に上がることはあんまりなかったんだけど、ほんといいたい放題だった印象ですね」

中野は新大久保のC+Fでの講座「ARE YOU?」にも参加。印象的だったワークがふたつある。

「ひとつは、毎日食べているものをぜんぶメモしろって宿題が出るんですね。それで手帳にびっしり、一週間食べたものを全部書いていく」

次の週は、食べたものがどこからきているか探れという。たとえばニンジンを買ったのは八百屋だが、もとは畑に植えられていたもので、その前は種子で……。そう考えていくうちに一本のニンジンが土、微生物、水、空気、太陽の光など、想像がおよばないほどたくさんの要素からできているのがわかってくる。

「ぼくたちは、実は宇宙そのものを食べているんだっていうのがパーンとひらめいて。こういうことが、ぼくにとってエコロジー感覚の基礎になっているんです」

もうひとつは、みんなの輪の中に横たわって、自分のいちばん恥ずかしい体験をしゃべるというもの。

「いちばん無防備な格好で内面をさらけだすわけだから、相当にきついんだけど、話してみるとみんなの反応は、〝それのなにが問題なの？　たいしたことないじゃん〟って。ぼくも高校のときのある恥ずかしい体験を話したんだけど、それで手放せた、楽になったというのはありましたね。そういうのを、吉福さんはニコニコしながら、つっこみはきびしく、やっていたのを覚えていますね」

『ワークショップ』（岩波新書）という著書があり、体験的学習やワークショップの専門家といえる中野だが、吉福からの影響はあるのだろうか？

「ぼくがいま企業や大学でやってることと比べたら、そうとう危ないことをやっていたと思う。本質をついて責めるから泣き出してしまう人もたくさんいたし、殻に閉じこもっているのをこじあける、その破壊力はすごかったと思いますよ」

おかげで気持ちがひらいた人もいれば、壊れてしまった人もいる。離れていった人、恨んでいる人もいる。

「もとはジャズをやっていて、瞬間を生きることに賭けていた人だから、予定調和とかぜんぜん興味がない。吉福さん自身がそれだけ正直に、すっ裸で生きているようなところがあったから、こちらが取り繕っていると、〝それでなにかやったつもり？〟みたいな。本人がそういわなくても、

[上] 西荻窪ほびっと村でおこなわれた講座には、多くの若者が集まった。
[下] 鋭い眼光が印象的な三〇代半ばの吉福伸逸。
Photos by Hikaru Hamada

こっちが勝手に感じさせられるというか」

中野と前後してC＋Fに出入りするようになったのが、国際基督教大学の一年生だった高岡よし子だ。

「そのころ私は満たされない思いで、こころ赴くままに興味あるイベントや講座に顔を出していたんです。そんなとき、ほびっと村で会った人に連れられて新大久保に行ったのが最初です。ああ、翻訳やってる人なのねって。こっちは一九歳でなんにも知らないから、すごい人だという自覚はないわけ（笑）」

だが、ここには表面的ではないなにかがあると感じた高岡は「コズミック・イングリッシュ」、「神秘学講座」（のちに「リアリティ・ゲーム」と改称）といったクラスに参加するようになる。

「講座はゲシュタルト・ワークとグルジェフの二本柱でした。体験的なものが中心で、自分のなかの知らなかった部分が引き出される面白さを感じました。そのころは意識を変えるということに興味があって、グルジェフのいう、人間は機械だ、刺激に対して反応しているだけだ、という話も印象的です」

ゲシュタルト・ワークとは、精神科医フリッツ・パールズ（1893–1970）が創始した心理療法の理論によるワークショップだ。「いま・ここ」にいること、全身全霊による気づきを目指すことを特徴とする。グルジェフについては後述。

高岡にとってC＋Fの場はやがて、自分の生きづらさ、違和感をやわらげてくれる心の拠り所になっていく。

「そういう意味では、C＋Fに出会ってなかったら……。明らかに私は迷っていて、崖っぷちを歩いていた感じだったので。それに対してなにかを押しつけることなく、自由に探求させてくれたことがありがたいです。でも吉福さんは自分に向きあうことを求めるから、足を向けるのが怖かった時期もありますね」

朝日新聞の記事にあった〝悩める若者の駆け込み寺〟。吉福の存在とC＋Fという場が、生きづらさを感じる者たちにとって、ある種のシェルターの役割を果たしていた。もし吉福に出会ってなかったら、自分はなにかの新興宗教に入っていたかもしれない。そんなふうにいう者もいるのだ。

アメリカ・ミズーリ州出身のティム・マクリーンが来日したのは一九八一年。サンタクルーズ禅センターの乙川弘文老師（1938－2002：アップル創業者スティーブ・ジョブズの師匠として有名）のもとで出家し、来日して永平寺で修行。さらに修行の旅を続ける途上で、乙川老師から紹介された僧・山田龍宝に会うため、新大久保を訪ねたのだ。雲水の格好をしたティムがドアをあけると、吉福がこちらを見て、にこーっと笑ったのをよく憶えている。

「龍宝さんはいないよ。でもちょうどよかった。いまペアワークをやってるから、この子と組んでくれる? 英語できるから」

指さしたのが高岡よし子だった。おこなわれていたのは「リアリティ・ゲーム」。まず、向かい合った相手を知るため、お互いにさまざまな質問をする。それが終わったところで、吉福から質問が飛ぶ。

「相手の身長は何センチですか?」

残念ながら身長までは聞いていない。知っていると思っていても、いかに知らないことが多いか。そのことに気づかされるワークだった。ワークの最後には、お互いのことを俳句に詠んだ。

「そのときの俳句はいまも持ってます。それまでも日本でやさしい人にいっぱい会っているんだけど、やっぱりぼくらは〝ガイジン〟です。吉福さんは人種に関係なく、人間同士として、ものすごく本質的に出会ってくれたんですね。それでよし子もめちゃくちゃ可愛いから、気に入ったわけです」

一八〇センチを超える長身のティムと小柄な高岡はのちに結婚。ともに吉福の翻訳や講座、ワークショップを手伝うことになる。

ところで、たびたび名前が登場するグルジェフとは何者か。二〇世紀最大の神秘家といわれるゲオルギー・グルジェフは一九世紀後半にロシアで生まれ、一九四九年にパリで死んだ謎の人物だ。世界中を旅するなかで独特の修行＝「ワーク」を開発し、多くの弟子を導いた。『注目すべき人々との出会い』、『ベルゼバブの孫への手紙』（ともに平河出版社）などの著作で知られるが、それらはまだ日本に紹介される前。七〇年代から八〇年代にかけて、ドン・ファン＝カスタネダと並んで吉福がもっとも力を入れていたのがグルジェフだった。

「七〇年代なかば、私が新大久保に通いだしてからしばらくして、グルジェフの講座がはじまったんです。吉福さんは当時からグルジェフの翻訳を出したいと一生懸命やっていて、書かれている内容を確認するためにワークショップもやっていたんですね」（河野秀海）。

現在は性格分析の手法として人気のある〈エニアグラム〉も、グルジェフが西洋世界に紹介したものとされる。そのほか、時計の秒針を意識しながら、それを見ている自分を意識する〈時計のワーク〉。目をつぶったまま外を歩く〈ブラインド・ウォーク〉もおこなわれ、居合わせた田中三彦が参加したこともある。

「C＋Fから新大久保の駅まで手に植木鉢を持って、目をつぶったまま往復したことがあります。ヘルプの人が一緒に歩いてくれるんだけど、目をつぶっているとふだんとまったく違うから怖いんですよ。それでときどき、パッと目をあけると目の前にぜんぜん違う世界があって、面白いわけです」（田中）

これらはすべてグルジェフが考案した、人を覚醒へと導くテクニックである。グルジェフの考えによれば、人間は機械のように、ただ外部からの刺激を受けて動いているに過ぎない。機械であることを止め、主体的に生きるためにはどうしたらいいか？　それこそグルジェフが生涯追求したテーマであり、グルジェフを知れば知るほど、吉福が受けた影響がわかるのだ。

このころ翻訳者としての仕事は軌道に乗っていたのだから、本来ならそちらに専念すればいいのだが、吉福はワークショップの現場にこだわった。ワークショップでの気づきを翻訳にフィードバックするためもあったろうが、参加者たちの話を聞くと、それよりも本人が現場を楽しんでいたように見える。

おそらく吉福は現場が好きだった。若者たちが自己を見つめ、苦しみつつも答えを見出していくのが楽しかった。彼らが少しずつ成長し、変わっていくことによろこびを感じていたのだと思う。もちろんC＋Fは単なる〝癒し〟の場などではなかった。自分とはなにかを問う自己探求の道場であり、きびしく、徹底的に、自己と向き合うことが求められた。その一方で吉福は、どうしようもなく傷ついて自分を見失ってしまった人を受け入れ、ケアすることにも力を注いだ。

「吉福さんは、親の仕事で海外で暮らしていた帰国子女とかをすごく受け入れてたんだよね。みっちゃんって呼ばれてたブラジル育ちの、ジョン・レノンみたいなすごく素敵な人がいたの。家具を作るのが得意で、ぼくも一緒にいろいろ作らせてもらったよ。すごく穏やかな人で、そういう素敵な兄貴たちがたくさんいたから、ぼくも、この世界をはみ出しても生きていけるって思えたんだよね」(中野)

みっちゃんこと斉藤光人は一一歳のときに家族でブラジルに移住、現地で初めて会った日本人が吉福だったという。のちに帰国するが、日本語がなかなか上達せず、対人恐怖に陥ってしまう。それが原因か喘息の発作を起こし、駅の階段から落ちてしまったこともある。そんな斉藤を吉福は弟のように気づかい、ケアした。やがて通訳の仕事を通じて外の世界にふれることが一種のセラピーになり、日本に対するこだわりが外れていったという。

残念ながら斉藤は五〇代で亡くなってしまうが、それまでは優秀なポルトガル語の通訳として活躍し、ブラジルからサッカーの英雄ペレが来日したときには、寄りそうように通訳する姿が見られたという。

斉藤光人よりもさらにハードな経験をしたのは、『ザ・メディテーション』編集長だった三澤豊だ。吉福とのバークレー取材でカルチャー・ショックを受けた三澤は、完全に幻想・幻覚の世界に入ってしまったのだ。

「バークレーで、あきらかにパカーンとなにかが変わったんですよ。吉福さんと一緒だったからだろうな。あの人ほら、ハダカの出会いじゃない。地位とか立場よりも、その人のナマの、あからさまな姿と出会うじゃないですか。大学教授だろうとどんなに偉い人でも、関係ないでしょう」

物理学者カプラと会ったときの第一声が、「ドゥー・ユー・ハヴ・サイケデリック・エクスペリエンス?」だというのだから、編集者としては目が点になったことだろう。こうして精神の変調をきたした三澤は、帰国してからも妄想の世界から出られなかった。

「訳のわからないことばっかりいってるからうちの奥さんも心配しちゃって、平河の人に相談して、病院に入れられちゃったのね。病院側から見れば、暴れてるように見えるから、いわゆる抗精神病薬の大量処方、薬漬けですよ。それで大人しくなるけれど、そのかわり気力は落ちますよ」

診断は精神分裂病、いまでいう統合失調症だった。投薬によって症状は収まり、会社に出られるようになったが、編集の現場に戻る気力が出ない。そこで三澤は薬を止める決心をする。処方された薬を勝手に止めるのは、やってはいけない行為のはずだが……。

「出てきたからにはもっといこうと思って(笑)。薬を止めるとものすごい、底知れない不安感があるわけです。それを断つのは覚醒剤を断つのと同じで、ものすごい禁断症状があるわけ。だからお守りみたいに飲み続けるんですね。吉福さんがいなければ薬は止められなかったと思う」

薬を断つまでの一年間の苦しみたるや、この世のものではなかったという。

「見るもの聞くものすべてが〝不思議の国のアリス〟だから。ドラッグの場合は時間がたてば覚めるけど、クスリなしでいっちゃうと、どうやって戻ってくるかわからない。どんどん幻聴や幻覚が出てくる、辛い日々でしたよね」

それでも自殺するまでに到らなかったのは、吉福がいたからだという。三澤がどんなに奇想天外な妄想を話しても、吉福の態度はまったく変わらなかった。「お前、さっきすごいこといってたぞ」と笑うだけで、他の人とまったく同じように接した。

「うちの奥さんは、症状を悪化させるってすごく心配してるんですよ。吉福さんはもっとガンガンやれって(笑)。あの人だけでしょう、そういうのを相手にできるの。訳のわからないことといっても理解できる。だって自分で散々、そういう体験をしてるからね」

それに気づいたのは、のちに空室になっていた新大久保のマンションに住んだときのこと。部屋に足を踏み入れた三澤は、ただならぬ雰囲気に息を飲んだ。

「トイレに入ったら鏡がメチャメチャに割れててね、ああ、ここでとんでもないことが起こったんだなあって思ったね。壁紙が破れてるのをちょっとめくってみたら、下に『般若心経』がびっしり埋め込まれていて。たぶん吉福さん、何度もバッドトリップをして、その傷跡が残っていたんじゃないかな」

「般若心経」は、身を守る結界のつもりだったのか? 当時の状況からすれば、これも三澤が見た幻だったのかもしれないが、表面上は〈悟った〉ような顔をしていた吉福も、その内面は傷つき、いまだ血を流していたということだろうか。

七四年の帰国から一〇年がたとうとしていた。「精神世界」という言葉は定着し、ニューサイエンスがブームとなっていた。そしてこの年、もうひとりの編集者との出会いをきっかけに、吉福はさらにもうワンステップ、階段をのぼることになる。

第5章

進化の夢

一九八四年三月、老舗出版社・春秋社で編集長職にあった岡野守也は、たまたま手にした雑誌『アーガマ』45号（阿含宗総本山出版局）の記事を見て驚いた。タイトルは「〝科学と宗教〟を超えて――ケン・ウィルバーの進化論　上」。注目の若手思想家ケン・ウィルバーによれば、人間の意識は七つの段階に階層化され、いちばん下位の「物質的」な段階から仏教の〈悟り〉に相当する「精神」の段階にいたる、いわば進化の過程にあるという。記事を書いたのは吉福伸逸。見慣れない名前だ。

一九四七年、広島の牧師の家に生まれた岡野は、みずからも牧師になるべく関東学院大学に進学。そこで神学者・八木誠一（1932–）の近代的な聖書解釈に出会って衝撃を受け、それまで慣れ親しんだキリスト教の世界観を離れることになる。これからなにを信じればいいのか、なにを支えに生きればいいのか、不安がつのった。

そんなとき縁あって、臨済宗妙心寺派僧侶で仏教学者の秋月龍珉（1921–99）の元に参禅。学ぶうちに、〈悟った〉人間の心理に興味がわいてきた。仏教では人間の理想は〈悟り〉といわれるが、修行によって人の心はどう変わっていくのか。われわれのような凡夫と〈悟り〉をひらいた人間＝ブッダでは、心のあり方はどう違うのか。岡野は秋月に尋ねた。

「煩悩とか〈悟り〉ということを、もっと科学的に、実証的に、人間に関する学問として説明できないものでしょうか」

しばらく沈黙したのちに、秋月はぽつりと答えた。

「仏教の中で心理学的にいちばんくわしいものに、唯識《ゆいしき》というのがありますね」

このひと言が岡野の転機となった。唯識とは四世紀のインドで生まれた大乗仏教の思想で、人間存在は〈阿頼耶識《あらやしき》〉を頂点とする八つの意識よりなるとする、高度に体系化された仏教の深層心理学というべきものだ。これに西洋の心理学を統合すれば、人間が迷いやエゴ、欲望、憎しみ、争いといった煩悩を克服して、〈悟り〉へと成長していく、その道筋が見えてくるのではないか。岡野は予想していた。

『アーガマ』で紹介されているウィルバーの主張は、この考えに似ているように思われた。二歳年下のアメリカ人が、自分がやろうとしていた仕事にすでに手をつけ、成果を出しているのではないか？　岡野はいてもたってもいられず『アーガマ』編集部から吉福の連絡先を聞きだすと、高円寺のC＋Fコミュニケーションズへと向かった。

地下鉄新高円寺駅から歩くこと一〇分。住宅街に建つ木造家屋が目的の場所だった。二階に上がると吉福が待っていた。その相貌を見て、岡野はたじろいだ。およそ出版界ではお目にかかることのない、筆舌に尽くし難いなにかを感じたのだ。しかし口をひらいた吉福は人懐っこくて話がうまく、一瞬にして心の垣根を取り払って、親密な雰囲気を作り出す天才でもあった。

ウィルバーの思想は実際にはどのようなレベルで、どの程度の成果をあげているのか。問いかけると本棚から何冊もの原書を取りだし、目次を見せながら内容を説明してくれた。話を聞くうちに、驚きがどんどん大きくなった。

「先を越された！」

「ライフワークが取られた！」

目の前が真っ暗になるほどの衝撃だった。自分がやりたかった仕事を、ぜんぶ先取りされてしまったのではないか。

アメリカ・オクラホマ州生まれのケン・ウィルバー（1949–）は、独学の天才というべき人物だ。

いくつかの大学に在籍したものの、その思想は瞑想修行と仏教や哲学、心理学の本を読み込む孤独な作業によって形成された。最初の著書『意識のスペクトル』は一九七三年に完成したが、二〇社以上の出版社に断られ、ようやく世に出たのは七七年。ところが発売されるや話題となり、七九年に『無境界』、八〇年に『アートマン・プロジェクト』、八一年に『エデンから』、八四年に『眼には眼を』と立て続けに話題作を執筆。宗教的な境地まで視野に入れた心の発達論は注目を集め、新しい心理学分野として台頭しつつあった「トランスパーソナル心理学」の代表的な論客、理論的な支柱とされるにいたった。

とりわけ岡野の関心を引いたのは、ウィルバーの処女作にして主著『意識のスペクトル』だった。仏教や道教、ヒンドゥー教といった東洋の宗教思想やキリスト教神秘主義、フロイトの精神分析などさまざまな心理療法を概観して、スペクトラム＝階層構造として統合的に説明するという、まさに自分がやりたいと思っていた仕事を、自分よりも緻密に、より大きなスケールでやっているのがわかった。ケン・ウィルバーというのはすごい……。

それと同時に、いやそれ以上に、なにを聞いても即座に答えが返ってくる、吉福という男の膨大な知識量と懐の深さに感銘を受けた。なおかつ人柄はフレンドリーで、話が圧倒的に面白い。昼過ぎに来訪して、気がつくと外は暗くなっていた。およそ四、五時間があっという間に過ぎていた。

「この男とだったら一緒に、すごい仕事ができそうだ」

岡野はその場で『意識のスペクトル』の出版を申し出た。会社の了解はあとからとればいい。ライフワークを奪われたのは悔しいが、ならば吉福と一緒にウィルバーの紹介をしよう。夕暮れの道を帰る岡野の胸に、落胆と希望が入り混じった複雑な思いが去来していた。

吉福にとっても、岡野の来訪は願ってもないチャンスだった。春秋社は一九一八年創業の老舗出版社。欧米に禅ブームを興した鈴木大拙やインド哲学の権威・中村元の著作集などを刊行し、宗派を問わず仏教関係者なら知らぬものはない存在だ。吉福はそれまでも、ニューエイジの思想潮流を日本に紹介するなら、仏教界に対するアプローチは欠かせないと思っていた。しかし現状に甘んじて、この世界でなにが起こっているのか見ようとしない宗派や僧侶たちの古い体質は、それを難しいものにしていた。

「飛んで火にいる……」

吉福がそう思ったかどうか。それまでつきあいがあった平河出版社は、中立的とはいえ新宗教の出版部門であり、工作舎はエッジーなサイエンス・思想専門の出版社だ。岡野との出会いによって仏教界やアカデミズムも含む、より広い層にアプローチする道がひらかれたのだ。このとき吉福は「精神世界」、ニューエイジという漠然とした領域から、よりアカデミックな色彩の強いトランスパーソナル心理学に的をしぼり、その紹介に重点を置いていくことになる。

「ぼくは最初はとにかくケン・ウィルバーを紹介したかったんだけど、吉福さんはウィルバーもトランスパーソナルというくくりの中のひとつという立場でしたね。だからスタニスラフ・グロフもふくめてひとつの分野として、トランスパーソナル心理学全般に渡って紹介していくことになったんです」(岡野守也)

一九七八年にバークレーの書店でセレクトした本には、ケン・ウィルバーも含まれていた。しかし、一九八〇年の『精神世界マップ』のなかで「トランスパーソナル・サイコロジー(超個の心理学)」の名前が出てくるのは一ページだけ(『精神療法』の章では主にワーナー・エアハードのEST、オスカー・イチャーソのアリカ・システム、ゲシュタルト・セラピーを取り上げている)。八三年、八四年に吉福が関わった本からも、トランスパーソナル心理学に重点を置いているようすは見えない。

一九八三年四月『呪術師カスタネダ　世界を止めた人類学者の虚実』(リチャード・デ・ミル+マーティン・マクマホーン著　高岡よし子+藤沼瑞枝訳　吉福伸逸監修　大陸書房)、五月『タントラ　狂気の智慧』(チョギャム・トゥルンパ著　高橋ユリ子+市川道子訳　吉福伸逸監訳　めるくまーる)

一九八四年一月『マジカル・チャイルド育児法』(ジョセフ・チルトン・ピアス著　高橋ゆり子+菅靖彦訳　吉福伸逸監訳　日本教文社)、『20世紀の神秘思想家たち　アイデンティティの探求』(アン・バンクロフ

ト著　吉福伸逸訳　平河出版社）、八月『霊的存在のアンソロジー』（共著　阿含宗総本山出版局）、一一月『ターニング・ポイント　科学と経済・社会、心と身体、フェミニズムの将来』（フリッチョフ・カプラ著　吉福伸逸＋田中三彦＋上野圭一＋菅靖彦訳　工作舎）

ドン・ファン＝カスタネダ、チベット仏教、神秘思想、ニューサイエンス……。こうしたラインナップを見れば、吉福がトランスパーソナル心理学に的をしぼって翻訳しようと思ったのは、岡野との出会い以降と考えるのが妥当だろう。岡野があらわれなかったら、果たして『意識のスペクトル』が翻訳されたかどうか。実のところ吉福は、この本があまりにも分厚く密度が濃いため、できれば他の誰かにやってほしいと思っていた。岡野のひたむきな態度、純粋にこの本を出したいという情熱が、吉福を動かしたのである。

ニューエイジからトランスパーソナル心理学へ。あとから考えるとこの流れはごく自然なものに思えるが、周囲には意外に思った者もいたようだ。

「最初は吉福さんはニューエイジ全般を紹介していたんです。それが久しぶりに会ったときに、へえ、吉福さん心理学にしぼったんだって思ったのを憶えていますね。それがトランスパーソナル心理学を本格的に導入しはじめたころだと思うんです」（高岡よし子）

「ぼくは八〇年にバークレーに移住して、三年間日本にいなかったんです。それで久しぶりに帰ってきたら吉福さん、〝セラピスト〟になってたんです。この衝撃。なにそれ？　倒れそうになりましたよ（笑）。しかもそれを昔からやってたような顔をしてる。驚きましたね」（堀渕伸治）

そこには吉福の、ごく個人的な動機があったのではないか、というのは菅靖彦。

「吉福さんがそれまでに体験したことを説明するには、いちばんぴったりきたんじゃないでしょうか。かつてボストン、バークレー時代は、かなり無茶やったみたいですからね。吉福さん自身のそういった体験が先にありきで、それを説明するために、トランスパーソナルの枠組みを使ったんだと思いますよ」

トランスパーソナルtranspersonalとは、「個を超える」という意味の造語だ。人間性心理学を提唱し、「自己実現」を人間の欲求の最上位に置いていたアブラハム・マズロー（1908–70）は、心理的なアンケート調査などを通じて、多くの人々がそれまでの心理研究では説明がつかない至高体験、神秘体験をしているのに気づいていた。

そのマズローの元を、チェコスロバキア出身の精神科医スタニスラフ・グロフ（1931–）が訪れた。ふたりは、人間には「自己実現の欲求」を超える「トランスパーソナルな欲求」、いわば〈悟り〉へと向かう欲求があることで意見が一致し、トランスパーソナル心理学を提唱。一九六九年には国際トランスパーソナル学会が設立され、グロフが初代会長となった。

先駆者として、西洋の心理療法と東洋の宗教的修行の類似性を指摘したのはアラン・ワッツ。代表的な理論家には「変性意識」の概念を提唱した心理学者チャールズ・タート、精神科医でサイコシンセシスを生み出したロベルト・アサジオリ、ホロトロピック・ブレスワークを開発し「意識の作図学」を提唱したグロフ、『トランスパーソナル宣言』を書いたフランシス・ヴォーンとロジャー・ウォルシュなどがあげられる。ケン・ウィルバーは当時、もっとも若い理論家のひとりだった。

仏教でいう〈悟り〉の概念を知って、それを心理学、精神医学の方法を用いて学問的に解明しようとした人たちがいたことが興味深い。現在マサチューセッツ工科大学医学部教授のジョン・カバット・ジンによってマインドフルネスが一般にも知られ、脳科学の分野でも瞑想や〈悟り〉を研究する動きが出てきている。トランスパーソナル心理学はその先駆けだった。

まえがきに書いたように、私がトランスパーソナル心理学に興味を持ったのはこの側面だ。大学で仏教を学んだ者として、宗教的な境地に心理学や医学からアプローチする姿勢に惹かれたのだ。心の成長は思春期を過ぎても続く。それをあやしい宗教に入ったりせずに、学問的な裏づけをもって学ぶことができるという考えは新鮮だった。

岡野との出会いのあと、吉福はさっそく『意識のスペクトル』の翻訳に取りかかる。その際、下訳をしてくれる人物として選んだのが菅靖彦だ。

「トランスパーソナルを日本に紹介するうえでキーになる本。もっとも重要な本だから、菅さん、翻訳してみない?」

吉福にいわれて、菅も興味をもった。しかし、この本はあまりにも難物だった。とにかくページ数が多いし（英文原書で三七四ページ）、難解な概念が次から次へと出てくる。宗教、哲学、心理学、精神医学、神秘思想の広範な知識が求められた。そうして原文と格闘しているうちに、菅は体調を崩してしまう。極度の不眠症に陥り、翻訳の手が止まってしまったのだ。気分が悪く、眠れない状態が何日も続いた。精神科にいけば睡眠導入剤をもらって眠れたかもしれないが、それはいやだった。思い余って吉福に相談したが、答えは拍子抜けするものだった。

「そんなの平気だよ。ちょっとくらい眠れなくてもたいしたことないよ。ジョギングしたり、運動してみたらよくなるよ」

この言葉で気が楽になり、夜明けに外へ出てジョギングをはじめると、さまざまなことが起こりだして、自己が崩壊するような体験のあとに、浄化されていくような感覚を味わったという。『意識のスペクトル』の翻訳に行きづまったことによって、その内容を把握できるような体験をしたというのだから面白い。

「不思議ですよね。結局人間ってある枠組みの中で生きていますから、そこに収まらない出来事が起こると、枠組みを壊して次に行かないとすごく苦しいんですね。ぼくも吉福さんがいなかったら、薬で抑えてうやむやにして、その状態は中途半端なままずっと続いたと思う。彼がいたおかげで、そういったものを作り変えるプロセスをやらせてもらえたと思いますね」

菅は四歳年上の吉福のことを「メンター」と呼び、「この出会いがなかったら、私の人生はまったく違うものになっていた」とまでいう。このあとトランスパーソナル心理学のとりわけ難解なテキストを訳しながら、セラピーやワークショップのアシスタントとして吉福を支えることになる。

吉福は、菅が訳したものを原書とつきあわせながら、一字一句確認し、必要があれば赤字（修正）を入れていく。吉福が手を入れると、すっきりとこなれた読みやすい文章になった。編集担当の岡野も、最初は真っ赤に修正が入った原稿に驚いたが、吉福の赤字は的確でわかりやすく、入稿作業もしやすかったという。

「こんなものゲラにできるのかなって思ったけど、写植のオペレーターさんはちゃんと組んでくる。真っ赤だけどわかりやすいから、指示通り組んでいけば組めるんですよ。そこも吉福さんの能力にびっくりしたところだね。他人の原稿をここまで真っ赤っかにして、それがより良い日本語になっちゃうんだなって」

原稿は日本語としては完璧で、岡野が手を入れることは一切なかった。吉福は翻訳について、「岡野さん、翻訳は語学力よりもアンダースタンディングなんだよ。そこになにが書いてあるか理解できれば、日本語にするのは簡単なんだよ」

と話したという。とはいえいわゆる「超訳」といった類のものではなく、許される範囲の省略を除けば足したり引いたりはしてない。かつてアメリカ滞在中に『和辻哲郎全集』、『西田幾多郎全集』など難解な哲学書、仏教書を片っ端から読んだ体験から、日本語の力が育まれたのであろう。

「もちろん潜在的に能力があったんだろうけど、自分が精神的にピンチになったときに、そうした文献を読み解かざるを得ない。そういう必要があって、理解力が発揮されたんでしょうね」

タイトルは原題はspectrumだが、発音しやすく〝スペクトル〟とした。

「すんなりと決まったかな。吉福さんとはね、見事に合意してやりましたね。次はどれでいく？ やっぱりこれだねって。すぐに、スパッと決まったね」

法政大学の学生・林久義が吉福に会い、教えを受けたのはこのころだ。インドの長旅から帰って大学に復学したが、どうにも周囲とあわない。悩んでいろいろな本を読み漁ったなかで、ピンときたのがグルジェフの思想だった。『精神世界マップ』を読んで吉福に連絡すると、早稲田大学の学生相手にグルジェフの勉強会をやっているという。

「キミもこれに入るように」

八三年四月、早稲田大学の四人を含めた研究会、通称〝グル研〟に参加。月に一回、夜の七時から終電の時間まで、吉福は仕事の手を止めて、若者たちのために時間をとった。

講座ではグルジェフだけでなく、仏教や神秘思想、ケン・ウィルバーなど、トランスパーソナル心理学につながる話も語られた。吉福は相手の悩んでいる本質をぐさっと突いてきて、最後ににっこりと笑って、

「がんばってね」。

突き放しているように聞こえるこの言葉も、〝グル研〟のメンバーにとっては愛のあるものだったらしい。

「吉福さんはクールな中にもやさしさ、愛があったんです。彼は若いころ、思いっきりバッドトリップをしているんですよね。ぼくはこれだけのことを乗り越えてきたけど、君はできるかい？そう問いかけるようなニュアンスを感じましたね」

そんなグル研だが、八四年秋、いきなり吉福は解散を宣言する。

「これから河合隼雄さんとの仕事で忙しくなるから、もう君たちとは関わっていられないんだ」

ずいぶんと唐突な話に思えるが、不思議なことに〝グル研〟のメンバーは「吉福さんらしいね」と納得している。

「精神世界に目覚めちゃったけど、なにを学んでいいかわからない。迷える〝グル研〟メンバーをガイドしてくれた恩人ですから。それでいて、頼ろうとすると、突き放して、〝がんばってね〟っ

て（笑）」

　このあと林は米カリフォルニア州バークレーに渡り、チベット仏教ニンマ派の高僧タルタン・トゥルクの元で寺院建築という「ワーク」に励む。現在は岐阜県高山市の山奥で、家族とともにチベット仏教寺院「ウッディヤーナ山タルタン寺」を建設しつつ、オウム真理教脱会信者やその家族のケアもおこなっている。

　それにしても、河合隼雄は当時の京都大学教授、ユング心理学の重鎮である。のちに文化庁長官をつとめる河合と吉福が、一体なにをはじめるというのだろう？

第6章

トランスパーソナル国際会議

一九八五年四月二五日、トランスパーソナル心理学の記念碑的な一冊となる『意識のスペクトルI 意識の進化』(春秋社)が発売される。ところがこのとき、吉福は東京にはいなかった。京都で開催されていた「第9回トランスパーソナル国際会議」の総合司会者として、目が回るような忙しさだったのだ。

ここまでの流れからすると、この会議は吉福が招聘、主催したように思うかもしれないが、事実はまったく違う。吉福のあずかり知らぬところで話が進んでいて、急遽、総合司会を頼まれたというのが真相である。

その経過を河合隼雄が『宗教と科学の接点』(岩波書店)で書いている。そもそもの発端は八三年、スイス・ダボスで第8回トランスパーソナル国際会議がひらかれた。そのとき講演をおこなった河合の元をトランスパーソナル学会の会長セシル・バーニーが訪れ、次の大会を日本でひらきたいと持ちかけたのだ。翌八四年、バーニーは同志社大学教授・樋口和彦を訪れ会談をおこなった。それから一年間、バーニーが何度か来日し、事務局長のリネット・リースによって準備が整えられていった。樋口はその過程を楽しみつつも戸惑っていたことを『ニューサイエンスと東洋　橋を架ける人々』(誠信書房)で記している。

「京都の街を飲み歩き、都市を語り、地球の未来を語り、人々を語ってだんだんとプログラムができあがっていった。しかし、正直なところ最後の最後まで、何人集まることやら、トランス・パーソナル心理学会とは何かということがもう一つピンと来なかったのである」

それはそうだろう。トランスパーソナルの文献の翻訳は始まったばかり、この分野の知識を持ち、臨床的な対応ができるセラピストもいない状態なのだ。吉福が司会の打診を受けたのが、八四年の秋。これが〝グル研〟解散の理由だった。

吉福自身は最後まで、この会議は時期尚早だと思っていた。だが八五年春にカリフォルニア州ビッグ・サーにあるエサレン研究所を訪れ、トランスパーソナル心理学会の初代会長スタニスラフ・グロフに会って、気持ちはしだいに前向きになっていく。それでも、「本気になって、どうせやるなら後悔しないようにやろう、と腹をくくったのは会議が始まる前日の四月二二日夜中だった」と話している（『意識のターニングポイント』泰流社）。

会議は国立京都国際会館において、一九八五年四月二三日から二九日まで六日間にわたってひらかれた（二六日は休会）。組織委員長は京セラ、ＫＤＤＩ創業者・稲盛和夫。組織委員はソニーの創業者・井深大、池見酉次郎（九州大学名誉教授）、河合隼雄（京都大学教授）、千宗室（茶道裏千家家元）、西谷啓治（京都大学名誉教授）、樋口和彦（同志社大学教授）、山口昌男（東京外国語大学教授）らがつとめた。

プレゼンターは会長のセシル・バーニーが厳選。スタニスラフ・グロフ、フランシス・ヴォーン、ロジャー・ウォルシュといったトランスパーソナル心理学の研究者の他に、ラッセル・シュワイカート（宇宙飛行士）、フランシスコ・ヴァレラ（生物学者）、ジョン・ウィアア・ペリー（ユング派の精神科医であり、黒船のペリー提督の子孫）、ドーラ・カルフ（箱庭療法を開発したユング派心理学者）、エリザベス・キュブラー＝ロス（精神科医）、ウズマズール・クレード・ムトゥワ（歴史学者・南アフリカのズールー族の占い師）らのほか、河合隼雄、樋口和彦も講演をおこなった。仏教界からは岡野守也の推薦で、玉城康四郎（東京大学名誉教授）が登壇し、講演をしている。

会場にいた工作舎の十川治江がいう。

「あのモダニズム建築の金字塔のような国際会議場に立って、総合司会をされて、その場をちゃんとさばく吉福さんを見て、ああやっぱりこの方はすごいんだと思いました。京セラの稲盛さんや河合さんも会場にみえていました。朝日新聞の科学記者の坂根厳夫さん（現・情報科学芸術大学院大学名誉教授）が取材にきて、熱心に質問していましたね」

設定されたテーマは「〝過去〟の未来」、「ビジネス、科学、技術の未来」、「個人の未来」、「地球の未来」。樋口和彦が書く。

「あまりにも多くのトピックと課題で、一見してまとまりに欠けているようであるが、休憩の時間やレセプション、それに自然にできたグループと各種の催し、体験学習会など、誰もその全容は知りえないほどであった。それもそのはずで、この会はトランスパーソナル（超個人）であって、人と人との仲垣が超えられて、親しみのある雰囲気がかもし出されていた。筆者も、多くの学会に出席するが、大ていは半日ほど出席すれば、大方の結論はおのずと判るのであるが、この会議ばかりは朝から夕方までつめていてその成り行きを見守っていたほどであった。最後は、内・外のボランティアの人たちによる慰労会で、深夜どうやって家に帰ったかも憶えていないくらいで、未知の人々との出会いがどんなに素晴らしいものであるかを感じさせてくれるに充分な学会であった」（前掲書）

会議の雰囲気は、講演をまとめた『宇宙意識への接近　伝統と科学の融合』（河合隼雄＋吉福伸逸共編　春秋社）からも伝わってくる。

「臨床経験の豊富な心理学者たちが多かったせいもあるであろうが、会議が進行していくにつれ

さまざまな出来事や出会いをとおして誰もが建前を捨て心を開いていった感があった」（吉福によるあとがきより）

多くの講演が格調高く感動的であり、それらを聞いていた講演者ウィリアム・アーウィン・トンプソンが「原稿を読み上げるような講演ではぜんぜんハートがこもらないからね」と、事前に渡していた原稿を無視して話し、同時通訳の木幡和枝を困惑させたというエピソードも残っている。

吉福は会場外でも多忙だった。会議が休みだった四月二六日にはスタンとクリスティナ（1941－2014）のグロフ夫妻とフランシス・ヴォーン、ロジャー・ウォルシュを連れて天龍寺を訪れ、平田精耕老師（1924－2008）と会見。午後にはフランシスコ・ヴァレラとトンプソンを伴って宗教哲学の泰斗・西谷啓治（1900－1990）の自宅を訪れている。十川治江も同行した。

「すごく印象に残っています。階段下のほんとうに狭い応接間で、ふたりとも日本にきたことを実感したようすで、非常によろこんでいましたね。ふたりは西谷先生の話をすごく真剣に聞いていました」

同じ時刻、吉福の妻・恵津子はグロフ夫妻を案内して東福寺の福島慶道老師（1933－2011）を訪ねている。そのほか浅田彰や長谷川敏彦とヴァレラ、トンプソンの対話がおこなわれ、河合隼雄と稲盛和夫、シュワイカート、エリザベス・キュブラー＝ロスとの対話もさまざまなメディアで取り上げられた。朝日新聞ではシュワイカートと河合隼雄、稲盛和夫の鼎談が記事になっている。

こうして日本で初めて開催された「トランスパーソナル国際会議」は、収益面を除けば大成功のうちに終わった。ところが吉福は一息入れる間もなく、ギアをもう一段上げて作業に邁進する。八五年からの五年間に出版した本を並べてみれば、その活動は鬼神のごとしである。

一九八五年はK・ウィルバー『意識のスペクトル1　意識の進化』『意識のスペクトル2　意識の深化』（ともに春秋社）、ピーター・ラッセル『グローバル・ブレイン』（工作舎）の三冊を翻訳。

一九八六年はK・ウィルバー『無境界』（平河出版社）、『アートマン・プロジェクト』（春秋社）など六冊を翻訳、『アメリカ現代思想1』（阿含宗総本山出版局）など三冊を監修、『宇宙意識への接近』（春秋社）を河合隼雄と共同編集、シャクティ・ガワイン著『ポジティブ・シンキング』（阿含宗総本山出版局）の解説も書く。

一九八七年はK・ウィルバー『眼には眼を』（青土社）、『量子の公案　現代物理学のリーダーたちの神秘観』（工作舎）など五冊を翻訳、『トランスパーソナルとは何か』（春秋社）、『意識のターニングポイント』（泰流社）など著作・対談が二冊あり、『ニューエイジ・ブック』（フォーユー）など監修が二冊、『エニアグラム入門』（P・H・オリアリー他著　春秋社）では解説を書く。『ビー・ヒア・ナウ　心の扉をひらく本』の新装版が平河出版社から出たのもこの年。

一九八八年はS・グロフ『自己発見の冒険1　ホロトロピック・セラピー』、『脳を超えて』（春秋社）など四冊を翻訳、『アメリカ現代思想4』（阿含宗総本山出版局）を監修、対談集『無意識の探検　トランスパーソナル心理学最前線』（TBSブリタニカ）も出版。

一九八九年は『自己成長の基礎知識1　深層心理』（春秋社）、東京ゲシュタルト研究所のリッキー・リビングストン『聖なる愚か者』（アニマ2001）など五冊を翻訳、『トランスパーソナル・セラピー入門』（平河出版社）を書き、『A・ミンデル／ユング心理学の新たな発展』（山王出版）ではアーノルド・ミンデルと対談、『シャーマンへの道』（マイケル・ハーナー著　高岡よし子訳　平河出版社）など二冊の解説も担当。


翻訳、監修、解説などクレジットのあるものだけでも五年間で四〇冊。そのほか毎月のように『アーガマ』や科学雑誌『オムニ』の記事も書いているのだ。吉福ひとりで翻訳したものは多くないが、自分の名前が入るものに関しては徹底的に訳文をチェックするというやり方からすれば、驚異的なハイペースである。一体どのような使命感が、これほどのハードワークに駆り立てていたのだろうか。

このあいだ、吉福の〝手〟となり、サポートしたのがC＋Fのスタッフ小川宏美だ。吉福が口述で翻訳をおこなっていたことはすでに書いたが、翻訳のスピードに書きとめるほうが間に合わないことがしばしばだった。

「私も最初は、吉福さんが訳したものを原稿用紙に筆記してたんだけど、これじゃ遅いと思って、自分でワープロ教室に習いに行ったんです。それで、吉福さんにワープロを入れてくださいって頼んだら、当時はリースで一〇〇万円以上したんですが、すぐ入れてくれましたね」

登場したばかりの富士通オアシス100を導入、よく出てくる単語を登録することで、作業効率は飛躍的に向上した。当時のことを翻訳仲間の田中三彦も憶えている。

「吉福さんは座布団にあぐらをかいて、原書を手に持って、そのまま日本語にしていくんですよ。それを宏美ちゃんがワープロで打ち込んでいく。そばで聞いていると、ちゃんと日本語になってんだよね。すごいね、びっくりしちゃう。てにをはがちゃんとしてないと日本語にならないでしょう？　それが口に出したときから完成しているんだよね。だからみんなそうやって訳していったの。吉福さんが直筆で書いたものってほとんどないんじゃないですか」

吉福の翻訳の、驚異的なスピードの秘密はこれだった。ウィルバーの『無境界』は一冊丸ごと口述で翻訳したものであり、『アーガマ』など雑誌の署名記事、書籍のあとがきや解説も、こうして小川がワープロに打ち込んだのだ。

それでも吉福の訳すスピードにタイピングが追いつかず、待ってもらうこともしばしばだった。ある程度進んだところでプリントアウトして手を入れるのだが、訳文が気に入らない場合は全部消して、もう一回訳し直すこともあった。小川は昼ごろに出社して、吉福の隣でぶっとおしで仕事。きっかり夕方五時になったら夕食に行き、帰宅するのは終電になることも多かった。それでも、つらいという気持ちはまったくなかったという。

「吉福さん、いい声だし（笑）。ただ、中身が難しくて、わかりませんっていったことは何度もあります。そうすると、〝じゃあ変えるか〟って。編集ではないけど、書いてある意味がわからないときは、いうとやりなおしてくれましたね」

小川はものおじしない性格で、フラットな感覚の持ち主。このキャラクターを、吉福も重宝したのではないか。他のスタッフを叱責することはあったが、小川については特別あつかい。小川のほうも、叱られた憶えはないという。

「ちょっと私には甘かったんだと思います。ほら、吉福さんの手だったから。使えなくなると困るでしょう（笑）」

「トランスパーソナルは玉石混交だから、玉だけ選んで入れようって、ふたりで選んでいったんです。吉福さんが二、三冊出してきて、じゃあ次はこれにしましょう、みたいにね」（岡野守也）

吉福と岡野の共同作業によって、トランスパーソナルの主要文献が次々と翻訳されていった。その過程で、この分野の全体像をまとめた入門書の必要を感じたふたりは、『トランスパーソナルとは何か』を制作する。岡野が聞き役となり、吉福との対話形式で作ったこの本は、岡野の問題意識があったから成立した本だ。

「トランスパーソナルはどうして生まれたと思いますか？」

「どういう問いに答えようとしているのでしょう」

「セラピーにはどういうものがありますか」

「日本における今後の展開はどうなりそうですか？」

インタビューは毎日四、五時間、一週間続いた。岡野の問いかけに対して、吉福はノートや参考文献を取り出すことは一切なく、常に即答だったという。

「要するにものすごく頭がいい、記憶力のいい人だからさ。ぼくが体系的に聞きたがっているとわかっているから、そのとおり説明してくれるのね。注釈の部分はあとでC＋Fの諸君が調べてくれたんだけど、本文のところはぜんぶ、吉福さんがその場でしゃべったとおりなの」

実は今回取材するまで、この本は岡野があらかじめ構成を考え、綿密にコンテを作ってインタビューに臨んだものと思っていた。ところが実際にはメモさえなく、ほとんどその場のやり取りでアドリブ的に作られたと聞いて絶句した。本文二七四ページ、ほぼ二段組の内容が丸々頭に入っているとは、驚くほかはない。

「すごいよね。世の中にはそういう人もいるんだね。チベットのお坊さんで大蔵経を丸々暗記してる人がいるらしいけど、そういう特殊な頭のひとりなんじゃないかな。少なくとも常人ではない。ぼくの同世代のなかで、生まれてこのかたどうにもかなわないと思ったのは、吉福伸逸とウィルバーだけだよね」

こうした翻訳作業と並行して、吉福はトランスパーソナルの世界を実際に体験するためのワークショップも企画していく。その目玉となったのが、精神科医スタニスラフ・グロフとその妻クリスティナが考案したホロトロピック・ブレスワーク。トランスパーソナル心理学を代表する、セラピー技法である。

第7章

心の成長と癒し

照明を落とした広間に、十数名の男女が横たわっている。あたりはシンとした緊張感につつまれ、息をするのも苦しいほどだ。そこへ軽やかな身のこなしの男があらわれた。男は低くよく通る声で、奇妙な物語を語りはじめる。DNAに直接語りかけるような、自分がまだ自分でなかったころの記憶を呼び覚ますような、懐かしさを感じるストーリー。

どこかから地鳴りのような音が聞こえてくる。最初は心臓の鼓動のように、やがてたくさんの動物が近づいてくる足音のように。

突然、激しいビートが炸裂する。音の奔流に飲み込まれそうになる瞬間に、思い出す。

「呼吸だ」

音楽にあわせて、早く深い呼吸をくり返す。何十回、何百回。手がしびれ、固くちぢこまる。身体が自然に、胎児のような姿勢になる。これはなんだ？　どうなってしまうんだ？　それでも呼吸をくり返す。

気がつくとあたりが暗い。なにも見えない。ここから出たい。でも動けない。息ができない。このまま死ぬのか？　もがく。叫ぶ。暴れる。全身の力をふりしぼって、出口を探す。

もうダメか。そう思った瞬間、ポン！　と外にはじきだされた。ひんやりとした空気が気持ちよく、やさしく見守られている感じがして、思いっきり泣きたくなる。

いつのまにか、音楽はゆっくりとしたものに変わっている。静かな湖面を見渡すような透明な意識のなかで、自分が呼吸をしているのかしていないのか、わからなくなってしまう一瞬があった。

以上は何人かの経験者のエピソードに私の体験も加えて、ホロトロピック・ブレスワークのようすを再現したものだ。

ホロトロピック・ブレスワークを考案したスタニスラフ・グロフ博士は、チェコスロバキア出身。元はフロイト派の精神分析医で、一九五〇年代から幻覚剤ＬＳＤを使った臨床実験を数多くおこなっていた。ところが六〇年代にＬＳＤの使用が禁止となり、ＬＳＤと同じ意識変容を体験できる方法として、世界中のさまざまな呼吸法を参考にしながら、ハイパーベンチレーション（過換気）を利用することを発見した。ホロトロピックとはギリシア語のholos（全体）とtrepein（向かって進む）を組み合わせた造語で、「（個を超えて）全体性へ向かう」「悟りへ向かう」といった意味がある。

精神分析医がＬＳＤを使うとは奇妙に聞こえるかもしれないが、ＬＳＤの正式名称はリゼルグ酸ジエチルアミド。一九三八年、スイスの製薬メーカー・サンド社（現・ノバルティス）で働いていた化学者アルバート・ホフマン（1906–2008）によって合成された薬物である。四三年、たまたまＬＳＤが指先についてしまったホフマンはめまいとともに、心地よい幻覚体験をする。これがＬＳＤの作用の発見だった。

一九四七年、サンド社はＬＳＤを精神治療薬として発売。世界中の病院や研究機関にサンプルを送り、各地で臨床実験がおこなわれた。日本では精神科医の加藤清（国立京都病院精神科医長）により、精神病の治療薬としての効果を測るために、また精神科医が精神病患者と同じ意識体験をすることを目的として実験がおこなわれている。

一九六三年、サンド社が持っていた製造特許が終了。ＦＤＡ（アメリカ食品医薬品局）はＬＳＤを使用制限付きの薬物に指定するが、その使用は一般に広がりを見せる。粗悪品も流通し、服用中に錯乱状態になって事故にあう事例が多発。六六年にはカリフォルニア州でＬＳＤの所持が非合法化され、六〇年代後半には世界中で所持も販売も規制されることになる。

グロフの著作を通じてホロトロピック・ブレスワークの原理を知った吉福は、八五年の国際会議の前にグロフ本人と会い、その弟子でエサレン研究所の主任セラピストであるリタ・ローエンを紹介され、具体的なやり方を学んでいく。

参加者は二人一組になって、ひとりが呼吸する者＝ブリーザー、もうひとりは見守る役＝シッターとなる。ブリーザーは布団やマットの上に横になり、身体をリラックスさせる簡単なボディワークのあと、誘導瞑想によって意識を内面に向けていく。音楽が始まったら、リズムにあわせて早くて深い呼吸をくり返す。血液がアルカリ性に傾き、血管が収縮するため手足がしびれてちぢこまり、胎児のような姿勢になることがある。

そこからさらに呼吸をしていくと、さまざまなプロセスが生じる。グロフがまとめた「意識の作図学」によると、自分の過去を思い出す、出生を再体験する、自分が生まれる以前の生を思い出す、あるいはトランスパーソナルなヴィジョンを見る場合もあるという。

叫び声をあげたり、激しく身体が動いてしまうこともある。必要があれば痛みがある部位にボディワークを施したり、胎児のような格好になった参加者に出生体験をうながすため、布団をかけて押さえたりする場合もある。

このあいだシッターはブリーザーに寄りそい、怪我をしないよう気をつけながら、プロセスを見守り続ける。一回のセッションは三時間ほど。ブリーザーのプロセスがあるていど収束したところで、休憩をはさんで役割を交代し、同様におこなうのである。

C＋Fで初めてホロトロピック・ブレスワークを試したときのことを、菅靖彦が憶えている。

「ホロトロピックはやっぱりメインだったから、まず身内だけでやってみようと、C＋Fの仲間が集まって何回か泊まり込みでやりました。最初はぼくと青山貢さん、宏美ちゃん、国田一郎くんもいたかな。そうやってみんなで試したあと、一般向けのワークショップをはじめたんですね」

一般向けのブレスワークをはじめるにあたり、アシスタントとして呼ばれたのが高橋実。國學院大學在学中から演劇に熱中していた高橋は、七〇年代の終わりに当時の妻・ゆり子とグルジェフ＝ウスペンスキーの講座（ほびっと村）に参加したとき、吉福と出会っている。

「そのころ吉福さんは、恐かった。鋭い感じは徹底していましたね。ふつうにしゃべっていても、いわれていることがぜんぶ自分のことのように聞こえてしまうってあるじゃないですか。相手のこだわっている部分、恐れている部分にぴたっと触れてしまうような、そういう言葉を使うのが上手でしたよね」

現在は東京都三鷹市で指圧整体治療院「からだはうす & satowa」を主宰する高橋は、なぜ自分がアシスタントとして呼ばれたのかわからないと戸惑いつつ、こんなふうに話す。

「ぼくは吉福さんに会って、救われたと思ったんです。内側でずっと長いこと感じていたことに、初めて吉福さんがオーケーを出してくれたような気がしたんです。そういう人と初めて出会えた。ずっとこのままひとりかなあと思っていたから」

吉福のほうも早くから高橋に目をつけていたようだ。舞踏家で体力もあり、鍼灸師の資格を持っていて身体的なアプローチができることも好材料だった。高橋は八〇年代を通じて菅靖彦、ティム・マクリーンとともにブレスワークのアシスタントとして吉福をサポートすることになる。


ブレスワークは二泊三日でおこなうことが多かった。一日目の午後に集合して、夜にブレスワークの説明とパートナー選び。二日目の午前中がファースト・セッション、午後に役割を交代してセカンド・セッション。三日目の午前中に体験を分かち合うシェアリングをして解散、というパターンだ。

会場となったのは河口湖や西湖のホテル。宿泊施設とワークをおこなう広間、音響設備が必要だった。音楽はゆったりと始まり、だんだん早く激しいリズムになり、後半はイマジネーションを喚起するような曲になっていく。このときCDの交換係をしていた菅靖彦は不安定な精神状態に陥り、泣きながら曲を換えることもあったという。

「もう、涙が止まらなくてね。大変な状態でしたね。まあ吉福さんの周りでは、多かれ少なかれそういうことは頻繁に起きていましたからね」

こうした合宿で、吉福は参加者ひとりひとりについて、心身の状態を詳細に観察、分析し、スタッフ間で情報を共有していたという。あの参加者はなぜワークショップに参加したのか、何に悩んでいるのか、いまどんな精神状態にあるのか。ミーティングの際に、具体的に掘り下げて話し合った。

「彼は正式にセラピーを学んだわけじゃないですから、テクニック、方法論を駆使して治すというより、参加者が苦しい場面をやり終えるまで、止めないで後押しする。ホロトロピックの発想は呼吸を使ってプロセスを進行させていくということですから、それをくり返すうちに人間の幅が広がってくるということが起こるんですね」(菅)

二泊三日の合宿の参加費は四～五万円。宿泊費や食事代を宿に払い、スタッフの給料を払えば、C＋Fに残るのはわずかだった。

「京都の国際会議のあと、奈良の天河神社で初めての一般向けブレスワークがあったんです。ぼくが大学四年生のときだから、八五年の夏休みかな。そのころぼくは大学で宗教学を学びながら、自分の知識の薄っぺらさを感じていて、ブレスワークをやって意識が変わる、それを実際に体験を通して学べるというのが魅力でしたね。しかも、宗教の修行法などとは違ってオープンに学べるのですから」

こう話すのは関西大学人間健康学部教授の村川治彦。当時は東京大学で宗教学を専攻していた学生だった。そのころ吉福のワークショップは怖いという噂で、自分の見たくない、しんどいところに落とされるぞといわれていた。村川も参加するときは、相当な決心が必要だったという。

会場となった天河弁財天（奈良県吉野郡）は、パワースポットとして注目されていた場所。神社の旧社殿に男女あわせて四〇人ほどの参加者が集まり、倍音声明などとともにホロトロピック・ブレスワークがおこなわれた。初めてのブレスワークだったはずなのに、なぜか村川は内容を憶えていない。

「ファシリテーターは吉福さんひとりで、宮司の柿坂神酒之祐さんが手伝いをされていたのは憶えています。あと、夜に宿舎の外に寝そべって星がむちゃくちゃきれいだったこと。恵津子さんと然くんがきていて、然くんと仲よくなったのを憶えています」

もちろんブレスワークが興味深い体験だったのは確かで、村川はそのあと、東京・茗荷谷でおこなわれたリタ・ローエンのワークショップにも参加している。

八六年三月、大学を卒業した村川は、カリフォルニア州パロアルトにあるトランスパーソナル心理学研究所（ＩＴＰ）への留学を目指してアメリカに渡るが、事情によりエサレン研究所にしばらく滞在したのち、サンフランシスコのカリフォルニア統合研究所（ＣＩＩＳ）に入学。現在は関西大学で教鞭をとりつつ、トランスパーソナル心理学／精神医学会の副会長もつとめる。

「あのころは精神世界の本などを読んで、自我の強固な鎧をどう壊していくかというのがみんなの関心事だったんです。そんなときに吉福さんのワークショップに出て、知識ではなく経験として学ぶことができる。宗教に入ることなく、社会からはずれなくてもそういう道があると知ったのはありがたかったですね」

大型書店の心理学の棚には専用コーナーができ、一般の関心は高まっていた。講座やワークショップの参加者は会社員や教員、主婦など、それまで見られなかった層が増えていた。

心の成長を求める人、〈悟り〉とは何かを知りたい人、人生を変えたい、生きているという実感を得たい……。もちろんトランスパーソナルな体験への関心、LSDと同様の体験に対する興味で参加する者もいただろう。スタッフの小川宏美が「この人たち、どこで聞いたんだろう?」と驚くほどの人数が殺到した。ニューズレターの登録者は六〇〇人を超え、ブレスワークの参加者は毎回五、六〇人を数えた。

堀渕伸治は久しぶりに会った吉福が「セラピスト」を名乗り、まるで昔からそうであったかのような態度でいるのを見て、驚いた。確かに方法論などなにもない状態で、一対一でボロボロになるまでやりあった間柄からすれば、心理学もセラピーもスマートすぎたかもしれない。だが吉福にしてみれば、やっていることは最初から変わらなかったのだと思う。一対一の対話もグルジェフ・

ワークも、ホロトロピック・ブレスワークも、人の意識を揺さぶり、覚醒へとみちびくという意味では同じなのだ。

癒しを求めて参加した人は、あまりの激しさに仰天したかもしれない。だが吉福にとって癒しとは、とことん破綻したあとにおのずとやってくるものだった。ワークショップを「離婚セラピー」と呼ぶ向きもあった。夫婦で参加した場合の離婚率が高かったからだ。人生において破綻することは悪いことではない、むしろチャンスだ。そんなふうにいう吉福を、ヒンドゥー教の破壊の神、シヴァにたとえる者もいた。

セラピーの現場で吉福は、「ぼくはぼくのためにやっている。クライアントのためじゃない」、「ぼくがなにかに手を出すときは、自分のためにやっていると自覚しています。相手を助けたいという衝動があって、そうしてるんだと」と強調していた。勝手ないい草に聞こえるかもしれないが、これは逆に誠実さのあらわれと見るべきだろう。以下は一九九三年に私がインタビューしたときの、吉福の発言である。

「ぼくの体験的な究極の原理というのは、ひとりの人間が他の人間を助けることはできない、ということ。これは、本人が本人のためにやるしかないんです。もちろんある種の触媒にはなれます。できるのはそこまで。やっていて、ほんとによくわかるんです。悪いところがあって、治っていく人というのは、本人の力で治していくんです。ぼくなんかの力はまったく関与していない。それで何人かのクライアントともめにもめたことがあるんです。〝あなたが治してくれた〟〝違う！絶対ぼくじゃない〟」

もちろんブレスワークをすれば誰もがトランスパーソナルな体験をするというわけではない。期待して参加しても、なにも起こらない場合だって多い。

「だから初めのころは、〝準備ができてからきてください〟っていってたの。ブレスで起きる体験が本気で欲しい人には、何かが起きるんだと思う。私はシッターのほうがいろんなことが体験できるというか、参加者の人たちを見て学ばせてもらいましたね。最初は、ほんとうに切羽詰まった人たちが来ていて、なぜか参加者の女性から、〝あなたなんかにわからないわよ！〟ってすごい剣幕で怒られたこともあります」（小川）

編集者の岡野守也がブレスワークを体験したのは八六年だ。

「過呼吸になると全身がしびれて、赤ちゃんみたいな格好になるでしょう。最初の説明が、〝この場では暴力とセックスだけはやめてください。あとはなにをしてもオーケー、湧き上がってくるものはなんでも表現しましょう〟ということだから、ぼくはシーツを頭からかぶって、シッターの女の子が見守ってくれている雰囲気だけ感じていましたね」

生まれたときに、仮死産だったことを親から聞かされていた岡野は、それを再体験して、クリアするようなできごとが何回かに分けて起こったという。

いつも理性的、論理的に話をする岡野にしては意外だが、神秘体験と呼べるできごともあった。呼吸しながら坐禅の姿勢をとると、向こうに坐禅をしている幻影があらわれて、「勝負しよう」という。それに対して、「坐禅は勝負するようなものじゃない」と返すと、相手はすっと消えていった。その瞬間、自分の身体が金色に輝いて、指先から白金の光が出ている。

「その光を、泣いたりわめいたりしてるみんなに向けて、〝悩んでる衆生をぜんぶ救ってやる〟って。そのとき思ったね。もしもこれを真に受けちゃったら、宗教がひらける。信者の一万人や二万人はすぐ集まるんじゃないか。きっと麻原彰晃はこの類の体験をしたに違いないのね。ぼくは唯識をやってたから、それは一時の体験に過ぎない。悟りでもなんでもないってわかるんだけどね」

そのあと横になって目をつぶると、目の前に展開される大スペクタクル！　空は金色に輝き、雲に乗った仏たちが迎えにくる。

「昔の仏師はこれ見て描いたんだろうなって。でも、ぼくはそれはヴィジョン体験に過ぎないと思ってるから」

ちなみに、現在日本トランスパーソナル学会会長をつとめる諸富祥彦（明治大学教授）はブレスワークを考案したグロフよりも、吉福のほうがファシリテーションが上手かったと話している。

「私も吉福さんの呼吸法のワークショップに出たことがありますが、その後でアメリカでグロフのワークショップにも出ましたが、吉福さんのほうがはるかにうまかった。それはなぜかと思っていましたが、吉福さんは声がいいですね、あの声はちょっと意識を変性させやすい」（『現代のエスプリ』435号所収の河合隼雄、滝口俊子、藤見幸雄との座談会より）

こうして朝から晩まで仕事漬けの吉福だったが、仲間が困っているときは手を休めて、相談に乗る姿はかつてと変わらなかった。たとえば進路をアドバイスされたのは中野民夫。博報堂大阪支社営業部にいた八八年、野外フェスティバルの元祖といわれる「NO NUKES ONE LOVE　いのちのまつり」の実行委員を担当。そのまま会社に戻る気になれず、久しぶりに吉福を訪ねてカリフォルニアの事情を聞いたところ、「昔ほどじゃないけど面白い学校あるよ」と、CIISのパンフレットを見せてくれた。

博報堂を休職し、サンフランシスコで学校に通ううちにさまざまな出会いがあり、仏教学者でエコロジストのジョアンナ・メイシー、ベトナムの禅僧ティク・ナット・ハンを知り、中野の現在の活動へとつながっていく。

高岡よし子も同じだ。仕事に悩んで吉福に相談したところ、「じゃあ、うちくる？」というではないか。こうして八八年、トランスパーソナル関係の翻訳やワークショップの業務を専らおこなう有限会社C＋F研究所に就職。

「いつかは一緒に仕事をしたいと思っていたので、うれしかったです。でも入ってからは、自分で仕事を作っていましたね。吉福さんがさらに働かなくてもお金が入る方法を考えて、外国人のセラピストのオーガナイズをはじめたんです。それで最初はお給料はすごく安かったけど、すこしあげてもらいました」

岡野守也も、まったく個人的なことで吉福に相談したことがある。

「吉福さんは、それこそロジャーズ派だね。徹底的に聞いてるだけなの。〝そうか〟〝そうなんだ〟って。それで最後に、〝岡野さん、たいへんだね、たいへんだね〟。そのひと言が心に響いたね。なにをどうするじゃなくて、本当に共感して、たいへんだねって思ってくれただけでも励ましになる。これはテクニックではできないし、単なる友だちというのとも違う。そのころだいぶ参っていたから、そのひと言で頑張ろうって思えた。それは心に残ってますね」

田中三彦は『原発はなぜ危険か』（岩波新書）のあとがきで、吉福への感謝を述べている。

「福島四号機についての発言後、私が混乱した時期に的確な助言を与えてくれた多くの朋友、とりわけ元C＋F研究所主幹吉福伸逸氏に深く感謝したい。私は、吉福伸逸氏との出会いをとおして、もっとも多くのことを学んだ」

実はこのとき、田中は何者かから脅迫を受けていたのだ。話はさかのぼって一九八八年六月二八日、東京都千代田区のイイノホールで「わかりやすい原発の話」と題したシンポジウムがひらかれ、田中と作家・広瀬隆の反原発派と、賛成派のふたりが討論をおこなった。そこで田中は、かつて在籍したバブコック日立で関わったスキャンダラスなできごとについて暴露したのだ。詳細は前掲書にくわしいが、東京電力福島第一原発四号機の圧力容器にゆがみがあることが納品前の検査で発覚。そのゆがみを治すための工法は、技術的にも法的にも疑問が残るものだった。その作業の中心にいたのが田中だった。

「当時は係長にもなっていないころだから、もちろん上からの命令でしたことだけど、会社を辞めたあともずっと心の中に引っかかっていたんですね。それで八六年にチェルノブイリ原発事故が起こって、八八年に公開されたドキュメント映画の悲惨な映像を見て、これはもう原発は徹底的に止めなきゃいかんと、シンポジウムで告発したわけです」

告発は新聞やテレビでも取り上げられてたいへんな騒ぎになり、岩波書店からもっとくわしく書いてくれと依頼があった。一方で田中の親戚が「家族を大事にしろ」とメモを渡される一件も起きた。吉福は田中の身を案じた。アメリカで一九七四年、原発の技術者だったカレン・シルクウッドが不正を告発に行く途上、自動車事故で死亡した事件は『シルクウッド』（メリル・ストリープ主演　日本公開1985）という映画にもなっている。

「そういう怖いところもあるから、気をつけて書かないとダメだよねえ」

と吉福。実際、岩波新書が出た翌日から脅迫が始まった。夜中の一一時過ぎに電話がかかってきたり、子どもがうっかり電話を取って、「父親を出せ」と脅されたこともある。一時はノイローゼになっていた田中を救ったのも吉福だった。

「吉福さんは、ぼくが経験したことのない世界のことを、いっぱい知っていますからね。ずいぶん相談しましたよ。相手の実名は書かないというのも彼のアドバイスだし、書きながら原稿を見せていたしね」

同書の第三部では「原発に象徴されるもの」と題して、原発の思想的な側面と、それに代わるオルタナティブなエネルギーのあり方を提言している。

「第三部は吉福さんがいなかったら書けない。カプラの思想や東洋の神秘主義、要するに還元主義批判ですよね。原発は安全かどうかは別として、ああいう閉じ込めの技術はダメ、もっと開放的な技術にしなきゃいけない。よく吉福さんと飯を食いながらそういう議論はしていたからね。でも3・11（二〇一一年の東日本大震災と福島第一原子力発電所の事故）のあとに第三部を読んで、書いてあることがわからないっていう人が多いんだよね。いまから三〇年近く前に先取りしているつもりなんだけど」

もうひとつ書いておきたいエピソードがある。吉福はこのころ、C＋Fのオフィスで統合失調症の患者の世話をしていたという。高岡よし子が話す。

「吉福さんはいわゆる一般的なコースを歩いていない人たち、困難な状況にある人たちの面倒見がよかったですね。私がC＋Fのオフィスにいる一年のあいだにも、吉福さんは統合失調症の人を受け入れて、オフィスでお金をとらずにケアしてたの。それはスタッフにとってもいい経験になりましたね」

スタンとクリスティナのグロフ夫妻と対談した際、スピリチュアル・エマージェンス・ネットワーク（SEN）のことを聞いた吉福は、日本でもその活動をしたいと思っていた。人間が成長する過程で、一時的な精神の混乱に陥る可能性は誰にでもある。その混乱をスピリチュアル・エマージェンス（SE＝精神性の発現）として捉え、ケアし、サポートするネットワークである。

元関西大学助教授でボディサイコセラピストの小原仁によれば、八八年三月にリタ・ローエン（エサレンの主任セラピストでSENの担当もしていた）が来日し、吉福とともにSENの講座やワークショップをおこなった。このときまず理論編として講演をおこない、そのあとにワークショップが開催されたという。

ワークは二組にわかれて、一方が狂気を演じ、もう一方がそれをケアするというもの。狂気の側は、狂気がどういうものか自ら味わう。ケアする側は、狂気の状態にある相手に寄りそう練習をす

『タオ自然学』の著者・フリッチョフ・カプラと語る吉福伸逸。
工作舎にて、一九八六年ごろ。

るのだ。
「それを交代でやるんですね。ワンデー・ワークショップだから、それでほとんど時間を使った記憶がありますね。面白かったですけど、狂った人を演じ続けるのは難しいんですよ。すぐシラフに戻ってしまうから」(小原)
ワークとはいえ自ら狂気を演じるとは、なんと凄まじい。そこまでして狂気と向かいあう理由とは、なんだったのか。
「吉福さんもそういう人たちの中に、自分を見ていたんじゃないでしょうか。吉福さんは強い人だったけど、弱さというものを必要としていたというか、自分のなかで大切に生きてきた面があるのかもしれない。生きることのたいへんな部分が自分のなかにもあるし、ほおっておけない部分もあったんでしょうね」(高岡)

このころ吉福の心身はどんな状態だったのだろう。朝から夜中まで翻訳と執筆、たまに連休があるとホロトロピック・ブレスワークの合宿があった。ワークショップの現場では意識と身体をひらいていく作業を要求される。反対に、翻訳や執筆は内面に集中する作業だ。ワークショップのあとは、バランスをとるために二、三日必要だったともいう。一方で講座や講演も、頼まれれば断らなかった。

そんなとき唐突に、吉福はハワイへの移住を宣言する。

第8章

エクソダス

八〇年代後半になると、吉福が学会やシンポジウムに招かれ、学者たちと並んで講演する機会も増えていた。

八五年一一月には「第18回日本科学哲学会大会」に登壇。「〝ニューサイエンス〟は新しい科学か」というテーマで、科学哲学者の内井惣七、渡邉博らとの討論に参加している。司会は東京大学教授・村上陽一郎。

八七年九月には「第6回人間性心理学会」のシンポジウムに登壇。「人間性心理学の展開――東洋思想とトランスパーソナル心理学に学ぶ」というテーマで、河合隼雄や教育心理学者の恩田彰、宗教学者の小野泰博らとともに講演をおこなっている。このときの聴衆のひとりによれば、揺るぎない声で自信を持って語る姿を見た学者たちは、圧倒され、感嘆しているようすだったという。

作家・遠藤周作と対談したのもこのころだ。『こころの不思議、神の領域』（PHP研究所）所収の文章を読むと、対談というよりも吉福が高名な作家に対して、トランスパーソナル心理学についてわかりやすく講義しているといった内容だ。

八八年六月には日本ユングクラブ総会のシンポジウムに登壇し、「ユングとニューサイエンス」というテーマで河合隼雄と対談（於・お茶の水女子大学）。同じ年には京都大学に非常勤講師として招かれ、ホロトロピック・ブレスワークの講義をおこなっている。

吉福の社会的なポジションは確立されつつあった。このあと京都大学で、助教授の職を提示されていたという話もある。そんなときの唐突なハワイへの移住宣言。一体なにがあったのだろうか？

八八年一〇月九日から一四日にかけて、カリフォルニア州サンタローザで第10回トランスパーソナル国際会議が開かれた。このときC＋Fではツアーを組み、小川宏美、高岡よし子らスタッフのほか田中三彦、上野圭一、小原仁など五〇人以上が参加。現地ではCIISで学んでいた村川治彦、ITPに在籍していた藤見幸雄らが合流した。

会議のパネリストはラム・ダス、LSDの開発者アルバート・ホフマン、幻覚植物の研究で知られるテレンス・マッケナ、テーラワーダ仏教を西洋世界に紹介したジャック・コーンフィールド、チベット仏教の高僧ソギャル・リンポチェなど。会議に先立ってグロフによるホロトロピック・ブレスワークがおこなわれ、三〇〇人が参加した。

「ぼくは当時、CIISでグロフのトレーニングプログラムに入っていたので、ファシリテーターとして参加しました。そのときいちばん騒いでいたのが日本人の参加者で、その阿鼻叫喚にアメリカ人が驚いてましたね」(村川)

だがこのツアーのあいだ、吉福は必ずしも乗り気ではなかったようだ。

「いきなり、ラム・ダスの通訳を替わってほしいといわれてあわてました。吉福さんがやるものと思っていたので。オーガナイズがちゃんとできてないところも多くて、吉福さん、もうちょっと仕事してくださいって苦情をいいました」(高岡)

帰ってきた答えは、

「ぼく、存在するだけで精一杯だから」。

大勢の参加者と対することでエネルギーを使ってしまったのだろうか。村川もテレンス・マッケナの通訳をいきなりまかされ、当惑している。

「知らない単語しか出てこないんだから、やれるわけないんです。マイクを持ったまま固まっちゃって、見かねた吉福さんに〝よこせ!〟って、マイクを奪い取られたのを憶えています。吉福さんは恵津子さんもふたりの子ども(次男の見が八六年一二月に生まれたばかり)も一緒だったし、学会うんぬんは面倒臭かったんじゃないですかね」


そうして会議から帰って反省会のとき。吉福と田中三彦のあいだで、いい争いが起こった。

「車座になってみんなで話していたとき、内容は忘れたんですが、吉福さんが完全にグル化してきたのを感じたんですね。ものすごいパワーで、もう、誰も止めることができない。みんな引きずり込まれちゃう。宗教でいう、教祖様という感じになってきて、ぼくはそれが嫌でね、年も同じだったし、おかしいんじゃないかっていったんです」（田中）

西海岸のツアーで高揚していたのか。吉福はずっとグルへの盲信を批判していたのだから、正直、痛いところを突かれたと思ったかもしれない。すかさず、田中の言葉を否定する。田中もいい返す。お互いにだんだん声が大きくなり、応酬は三〇分、いや一時間は続いた。周囲はみな黙りこんでいる。


「それ一回ですよ。一回だけ。でも、友だちの関係が壊れるところまで議論したから。しばらく気まずかったもん。その話題は避けようとする配慮はしていたね。ぼくは限界をすこし感じ、吉福さんもなにかを感じた可能性はある。そのうち、ハワイに土地を探しはじめたと聞いて」

「田中さん、ハワイってこんなに安いんだよ」

そういわれても、田中はまだ半信半疑だったが、やがて吉福が本気だということを知る。

「いまの一件がハワイ移住とどうかかわってるかわからないけど、集団にはそういうことは必ず入ってくるんですよ。でもね、ぼくがいちばん嫌いなのはグルなんです。一方的に人を支配する感じになって、これはたまらないなあって」

田中は自分に責任があるかのようにいうが、面白いことにもうひとりの〝盟友〟岡野守也も、吉福のハワイ行きの責任は自分にあると感じている。

「ホロトロピックのワークショップを頻繁にやっているときに、伊豆の温泉で裸でホロトロピックをやったらしいんです。温泉を羊水に見立てて、バーストラウマをクリアするということなんだけど、誰かから〝すごかったですよ〟って話を聞いて、ぼくはちょっとね」

これは正しくは誕生を再体験する「リバーシング」のセッションで、全裸の男女が叫んだり暴れたりするようなものではなかったが、話だけ聞いた岡野はショックを受けたようだ。

「吉福さん、それは公的承認を得られないよ。トランスパーソナルを日本でおおやけに認められるものにしたいんだったら、それはやめようよって、完璧にブレーキかけたの。吉福さんのなかでも葛藤があったんだと思う。トランスパーソナルを日本で公認されたものにするのか、そうでなくていいのか。ぼくとは盟友的な強いつながりでやっていたから、そこまでいわれたら抑えておこうとなったけど、ずっと抑えておくのは彼の本心ではないというのが、日本にいづらくさせた原因のひとつなのかな」

もちろんハワイ行きの話を聞いてもっとも驚き、落胆したのは岡野だ。八四年に出会って五年間、二人三脚で育ててきたものをあっさり手放してしまうなど納得できない。ようやくトランスパーソナル心理学に、アカデミズムの目が向けられはじめた矢先なのだ。

「それで吉福さんの社会的地位がはっきりして、仕事もしやすくなったんだろうけど、でもそれこそカスタネダみたいに〝履歴を消す〟、肩書きなんかぜんぶ消してしまえというのが彼の基本姿勢だから、そういうのを担うのが嫌だったというのははっきりいってたよね」

「結局ハワイに行ったのは、ワークショップもけっこう話題になったし、そのままやってるとアカデミズムというか、そっちの方向にどんどん引っ張られてしまうことを感じたんじゃないですか。彼は基本的には自由人なんですよ。その道で成功して有名になるより、自由でいたいというのが彼の中で重要な要素だった。ほんとうにヒッピーだったのかもしれないね」

と菅靖彦。村川治彦もほぼ同意見だ。

「河合隼雄さんが吉福さんを非常勤講師として招いて、京都大学でブレスワークの講義をしているんです。吉福さんはそのあと、京大に呼ばれる予定だったんです。ハワイに行ったのはそれもあったんじゃないかなっていうのはぼくの勝手な想像ですが。やっぱりそのまま日本にいたら、トランスパーソナルの〝第一人者〟になっちゃうじゃないですか。吉福さんの性格からして、そんな役割はごめんだって」

一方、別の見方をするのは篠田隆司。

「吉福さんがやろうとしたことは、なかなか日本ではうまく形にならなくて、それもあってハワイに行っちゃったということはあるんですかね。ときどき言葉の端々に、本も売れないし、思ったほどの反応がなかったことに対する悔しさが滲み出ているのを感じたんですけどね。もうちょっと大きなムーブメントにしたいという気持ちは、彼の中であったんじゃないですかね」

確かにトランスパーソナルの翻訳書や入門書は次から次へと出版されていたが、初版部数は少なく、増刷されたものも多くはない。『意識のスペクトル』は初版四〇〇〇部、最終的な部数は七〇〇〇部だった。学術書としては多いほうだが、採算が取れるぎりぎりのラインで、ベストセラーというには遠い数字だった。

部数の低迷よりもっと深刻だったのは、論壇や思想界での反応の少なさだった。トランスパーソナルに関心を持ったのはユング派や人間性心理学のごく一部で、仏教界や哲学、思想界で興味を示す者は少なかった。吉福と岡野は『トランスパーソナルとは何か』で、当時流行だったニュー・アカデミズムをふくめ、反応がないことへの不満を語っている。実際のところ注目すべき書評も出なかったし、逆に、批判されることもなかった。黙殺だったというのが近いだろう。

アメリカではトランスパーソナル心理学研究所（現在はソフィア大学と改称）やカリフォルニア統合研究所などトランスパーソナルをあつかう専門の教育機関まであるのに、日本でのこの関心の低さはなんだろう？

島田裕巳は「吉福さんが書いたものはおもしろくない」といった。確かにトランスパーソナルの論書はどれも分厚く記述も固めで、手に取るのを躊躇してしまうものばかり。

しかし、それよりも致命的だったのは、読んでもなにが書いてあるのかわからない、ということではなかったか。

トランスパーソナル心理学では、日常の意識状態とは異なる非日常的意識状態、変性意識状態＝altered states of consciousnessを取り上げる。変性意識状態は、瞑想や断食など宗教的な修行で生じることが知られているが、サイケデリックス（幻覚剤）の摂取によっても生じる。

アメリカでは、マリファナやＬＳＤといったサイケデリックスが非合法ながらも広く社会に浸透していて、変性意識状態の体験がある人も少なくなかった。元アメリカ大統領のバラク・オバマも自伝『マイ・ドリーム』（ダイヤモンド社）のなかで、若いころマリファナを使用していたことを書いているし、アメリカン・ニューシネマを代表する映画『イージー・ライダー』（1969）の終わり近くに、主人公たちがＬＳＤを服用して幻覚を見るシーンがある。一般のアメリカ人のあいだでは、自分で体験していなくても、ＬＳＤやそれが生じさせる意識状態がどういうものか認識はあったはずだ。

つまり、アメリカでは変性意識の体験が先にあって、それを説明するものとしてトランスパーソナル心理学が生まれ、発展した。日本ではそもそも変性意識の体験をした者が少なかったために、まず変性意識とはなにか、その説明からはじめる必要があった。

ところが困ったことに、これは言葉で説明されてわかるものではないのである。ある出版社の社長が吉福と会ったとき、「なにをいっているのかまったくわからない」と当惑したというエピソードもある。

「言葉をつくしても、伝わらない」

吉福が帰国直後に感じた「誰もいない」、「言葉が通じない」という落胆は、ついに解消されることなく、気力体力が限界に至ってしまった可能性はある。

ただ、本人もそういう説明をしないから、スタッフや周囲には反発、批判する声もあった。中野民夫がいう。

「当時ぼくはアメリカにいたんだけど、ショックを受けた若いスタッフから手紙がきて、それでぼくも感化されちゃって、吉福さんにかなり批判的になってましたね。あれだけ人を焚きつけておいて行くのかよって。渡辺眸さんにいわせれば、吉福さんはもともとわがままな人なのに、勝手に思い入れして失望して、怒ってる人がいっぱいいるって」

吉福のハワイ行きが決まり、C＋Fはどうするのか？　名乗りを上げたのがティム・マクリーンと高岡よし子の夫婦だ。一九歳でC＋Fに出入りするようになった高岡は、精神的に苦しい時に助けられたという思いが強く、こうした場がなくなるのはもったいないと思ったのだ。

「吉福さんじゃなきゃダメっていう人もいたと思うけど、私はどちらかというと〝場〟のほうが大事だと思っていたんですね。吉福さんがやっていた場さえあれば、そこでいろんな出会いがあり、何かが起きる。それは吉福さんの考えにも近いと思うんです。場を提供する側が内容を埋めるのではない、ということですね」

ティム・マクリーンは結婚後、桜美林大学で英語を教えるなどしていたが、ブレスワークの参加者が増えていくなか、ワークショップのアシスタントとして吉福を手伝うようになっていた。

八九年五月にはスタニスラフ・グロフ博士が来日。一か月ほど滞在し、日本各地でブレスワークをおこなった。高野山奥の院でのワークショップのほか、立正佼成会の青梅道場では一〇〇人近い参加者が集まった。このときグロフと親しくなったティムは、サンフランシスコに渡って公認ファシリテーターの資格を取得。

「日本に帰国してからも、ぼくはグロフのボディワークのことも学んでいたから、いろんな技をやりたいわけです。でも吉福さんに注意されるわけ。〝ティム、ノット・ドゥーイングだよ。頭で考えてやったらダメ〟って」

セラピーの場では、頭で考えて行動するのではなく、相手を信頼して、相手のプロセスに繊細に寄りそっていくことが大事だという。

「この、相手を信頼するということが、吉福さんがセラピストとしてすぐれているところだと思う。深い悲しみや悩みがあっても、おかしな症状が出ていても、彼は常に人間というものを信じていたんですね」

もうひとつ学んだのは「セラピストは自分自身の問題と向き合う必要がある」ということ。

「自分の痛みや悲しみと向き合うことは、セラピストがクライアントと対するうえで大切な経験になる。そのことをすごく学ばせてもらいましたね。そのあとは自分が変わりました。すごく自然体でその場にいられて、クリエイティブなワークショップができましたし、彼がハワイに行ったあとも自分のキャリアを発展していけたんです」

八九年には別れを惜しむかのように、多くのワークショップが企画された。そして最後のワークショップの夜のこと。ティムと吉福のあいだで言葉の応酬がはじまる。

「夜みんなで飲んでいてね、ぼくとよし子がC＋Fを継ぐということがわかっていたから、吉福さんがぼくに〝直面〟しはじめるんですよ。内容はよく憶えていないんですが、〝キミは本気か？

いつでも死ねるか?〟って問いかけるんです」

お得意の〝禅問答〟だ。

「ぼくはゆずれないし、〝あんたとは死なないよ〟っていったんです。それが気に入ったと思うんですね。気がつくと太陽が昇ってて、吉福さんは、〝よく話した、じゃあ俺は寝るからあとは頼んだぞ〟って(笑)」

ティムと高橋実はアルコールが抜けないまま風呂に入り、六〇人の参加者とシェアリングをおこなった。

「最高のシェアリングでしたね。彼は寝る前に、〝よしわかった、死ぬ時は一緒にいてね〟っていったんです。まさか吉福さんが死ぬ時に、ぼくが看取るとは思わなかったんだけど……」

八九年秋には「おわかれパーティ」がひらかれ、ポンこと山田塊也、サワこと澤村浩行など懐かしい〝部族〟の面々、ミュージシャンのセブンこと和久正一、山田龍宝、渡辺眸など、七〇年代の帰国直後からつきあいのあるメンバーが集まった。菅靖彦は初めて会う〝部族〟の面々に驚いたようだ。

「彼のヒッピーの仲間はすごいのが多いんですよ。吉福さんが霞んでしまうような、そういう人たちが集まっちゃうとなんか異様な感じですよね。人間が社会性をどんどん剥ぎ取っていったときに、もろにその人の本質みたいのが出てきちゃう。凄まじいんですよね」

このときヒッピーたちが吉福に食ってかかっていたのを、高橋実は憶えている。

「〝だってお前、ボンボンだろ？　だから行けるんだろう〟って。それに対して吉福さんは堂々と、〝そんなんじゃないんだよ〟って答えていました。吉福さんの初期の活動も、そういうところからはじまっているから。彼らがいなかったら、吉福さんの居場所もなかっただろうからね」

「よく憶えてるけど、全員と吉福さんのあいだに火花が散っていました。彼は全員に〝直面〟して、ひとりひとりとちゃんと別れたんです」（ティム）

こうして昭和が終わった年の一〇月二〇日、吉福は家族とともに東京を離れ、ハワイへと旅立っていった。七四年に帰国して以来、一五年間の日本滞在だった。

最初の一〇年でニューエイジの良質な部分を日本に紹介し、「精神世界」という分野を確立。自己探求において、知的で奥深く、グルへの依存を生まないアプローチがあることを示した。

さらに、ニューサイエンスという新しい思想潮流の紹介にも尽力。八四年に翻訳出版したF・カプラ『ターニング・ポイント』は現代文明の行きづまりを指摘し、経済、社会、環境、医療、心理の分野での新しいパラダイムを提示した大著だ。その問題意識は戦争、格差、男女平等、エコロジー、持続可能性、産業のエシカルなあり方など、人類が向き合うべきテーマとして『新ターニング・ポイント』（1995）に再編集され、今日まで色あせることなく受け継がれている。

次の五年は、トランスパーソナル心理学の翻訳に力を集中。編集者の岡野守也や仲間の翻訳者の協力を得たとはいえ、この分野の日本への紹介をほとんどひとりでディレクション。わずか五年で、大型書店の心理コーナーの棚を占めるほどの成果をあげたのだ。

こうして見ると、吉福の働きは翻訳家という枠にとどまらず、自己探求の分野における総合プロデューサーのようなものだったことがわかる。そのわりに世間の評価は、あまりにも低いといわざるをえない。

吉福はこのとき四六歳。このまま日本で仕事を続けていたら、どれほどの成果を上げていただろうか。

一方、この逃避行のおかげで吉福は〝グル〟になることを免れたともいえる。カリスマ的人物の元には、ついていきたい、守られたい、と思う者が集まる。グルと弟子は、相互に依存する関係にある。吉福があのまま日本にいたら、「精神世界」を牛耳る〝ドン〟になっていただろうという者までいる。

では、寝る間も惜しんで育てたトランスパーソナルという赤子を、なぜ捨てることができたのか。エスタブリッシュメントになることを、なぜこうも頑なに拒んだのか。

ドン・ファンのいう「履歴を消す」、真実を求める者にとっては名前も肩書も足かせになるということなのか。いや、ドン・ファンを持ち出すまでもなく、吉福の中には最初から、世の中から隠れようとするところがあった。その行動の端々に、自己否定の衝動がちらついていたように見えるのだ。

真相を探るために、ここで一度時計の針を過去へと戻してみよう。この男がすべてを賭けて打ち込んだものを捨てるのは、このときが初めてではなかったのだ。

第2部 学生期

第9章

無口な秀才

吉福伸逸は一九四三年九月一六日、吉福寿《ひさし》、富貴子《ふきこ》の長男として岡山県児島市（現・倉敷市大畠）に生まれた。「吉」と「福」、めでたい字が並ぶこの名字は、全国で一〇〇〇人もいない珍しいものだという。伸逸は、長男だから、ほんらいは「伸一」だったろうか。「逸」は、逸材や秀逸というように「すぐれている」という意味がある一方で、「逸する＝とりにがす」といった意味もある。なぜこの字を使ったのか、気になって漢和辞典を引くと、「世間から隠れる、世間に知られない」という意味も出てくる。この男は生まれたときから、「履歴を消す」運命だったのだろうか。

岡山県の南端に位置する児島は『日本書紀』や『古事記』に、吉備子洲（児島）として登場する由緒ある地名だ。元々はその名のとおり瀬戸内海に浮かぶ小さな島で、本州との間に存在した中海＝吉備の穴海は瀬戸内海の主要な航路のひとつだった。

近世には中海は干拓されて島は半島となり、児島の南側、下津井地区の重要性が高まってくる。下津井港は江戸時代、四国の大名が参勤交代で江戸に向かう際に必ず通過する場所であり、また北前船の西回り航路の重要な港となった。

吉福家も曽祖父の代までは大きな商船を所有し、交易の仕事に従事していた（伸逸はその一七代目に当たる）。船の名前は「吉福丸」、「福吉丸」。大阪と門司、敦賀、松前を結ぶ航路を使って、米やニシン、昆布などを運び、財を成したのであろう。

江戸後期になると児島はさらなる賑わいをみせる。伊勢神宮に次ぐ人気スポットとなった讃岐金刀比羅宮（香川県高松市）を目指し、全国から参拝客が集まり行き交う地となったのだ。やがて児島北側の干拓地に綿花が栽培され、織物業がさかんになる。明治期には足袋の製造が始まり、大正から昭和にかけては学生服の需要が高まり、児島は日本一の学生服の産地となった。

現在のＪＲ本四備讃線（瀬戸大橋線）児島駅は、瀬戸大橋の本州側の起点である。列車を降りると、デニム生地をモチーフにした巨大なポスターが出迎えてくれる。「岡山デニム」は生地の上質さ、色落ちのよさ、加工技術の高さで世界に知られるブランドであり、児島はその一大生産地。児島駅から一五分ほど歩いたジーンズ・ストリートには珍しいファクトリーブランドのショップが軒を並べ、海外からの訪問客も多い。

吉福の父方の祖父・嘉一郎《かいちろう》は、下津井電鉄の経営者の一族だった。下電《しもでん》の愛称で親しまれた下津井電鉄は一九一一年、児島と香川県丸亀の有力者によって作られた鉄道会社だ。初代社長は香川県の実業家・白川友一だったが、実質的に会社を動かしていたのは二代目社長となる永山久吉。この永山の妻の弟が嘉一郎で、系列会社の千里足袋（現・つちや産業）の経営にも関わっていたらしい。

嘉一郎の長男、寿は一九一三（大正二）年生まれ。早稲田高等学院から早稲田大学に進学し、国文学を専攻。卒業後に結婚し、大阪の寝屋川高等女学校（現・寝屋川高等学校）で教鞭をとっていたが一九四〇（昭和一五）年、父の求めによりしぶしぶ岡山に帰り、下津井電鉄に入社。長男の伸逸が生まれたのはその三年後、一九四三年のことだ。

一九四七年、下津井電鉄の社長・永山久吉が公職追放により退任、息子の永山一己が三代目社長に就任する。このとき一己の従兄弟で同い年の寿も常務に昇格。まだ三四歳の、年若い経営者コンビが誕生する。

父の人柄、仕事ぶりについて吉福は以下のように語っている。

「父はおとなしくて、真面目な人だった。いつも仕事に忙しく、やっぱり電鉄会社は半分公共事業ですから、それに打ち込んでいる人でした。三六五日休みなし。日曜、お盆、正月もなしで働いてました。帰宅したあとも、口数も少ない人だったから、甘えるということもなかったし、抱かれた記憶すらないですね」（稲葉による吉福伸逸インタビュー 1993；以下太字同）

一九七一年、下津井電鉄三代目社長・永山一己が急死。代わって寿が四代目社長に就任する。その仕事ぶりについて、『イーグルよ翔べ　ナローゲージ鉄道・下電の戦後五十年』（福屋嘉平著　驢馬出版）に書かれている。

「永山前社長の『攻めの経営』に対し、吉福社長は、どちらかといえば冒険をしない『守りの経営』を身上とした。事業を拡大して過大な投資で赤字を出すよりは、経費を節減して着実に利益を出すというタイプである」

「彼は平和時型の経営者である。安心して見ていられる経営をする。収入をにらみながら『石橋を叩く』マネジメントをおこなう。だから企業は大きくならない」

「文学を好み、書や絵の創作に心の安らぎを求めていた吉福は、部下の役員や部長クラスの人たちに、仕事はなにひとつ教えなかったかわり、井原西鶴を読め、落語を聞けとすすめた。彼らはわけがわからず不満であった」

伸逸はのちに自分のことを「新しく物事をつくっていくタイプ」であり、「サステイン（維持）していくタイプ」ではないと述べている。この点で、親子は正反対のようだ。

さて岡山県有数の企業の社長となった寿だが、永山家の直系でないことを自覚していたのか「自分は暫定社長」と公言。七四年には一己の長男久也に社長をゆずり、会長職にしりぞく。社長在任期間はわずか四年。『続・瀬戸内の経済人』（赤井克己著　吉備人出版）には、「鮮やかな引き際と今も語り継がれている」と書かれている。

寿の生真面目な性格は生涯変わらず、七〇歳を超えてパーキンソン病を患い、ひとりではクルマに乗れない状態になっても会社に出ていたという。

父との接触は少なかった伸逸だが、決して反発していたわけではなく、真面目で、文学や書道、絵画を愛する父を尊敬していた。寿の著書『玄冬のとき』（めるくまーる）の出版を後押ししたのは吉福だし、父の死後には雑誌『イマーゴ』一九九六年九月号（青土社）に「父のプロセス」と題した一文を寄せて悼んでいる。

一方の母・富貴子は天真爛漫、会った誰もが好きになってしまう陽気なキャラクターの持ち主だ。私が九三年に会ったときも、夏風邪で鼻水が止まらない私を気遣ってくれ、息子が席を外しているあいだは思い出話を語ってくれた（吉福のおしゃべりは母親譲りであろう）。

地元の魚介をふんだんに使った手料理はヘルシーそのもので、とてもおいしかった。泊めてもらった翌朝には富貴子に誘われ、近くの畑まで朝食用の野菜を採りに行った。みずみずしく育てられたきゅうりやトマトを見て、伸逸がどんな子ども時代を送ったのか伝わってくるようだった。

吉福自身も「母親には可愛がってもらった」と話していたし、ふたりのやりとりから、息子のほうも母親を気づかい、大事にしていることがうかがえた。実際に吉福は日本を離れたあとも、母のようすを見るためたびたび帰省していたし、ハワイの自宅から毎日、同じ時間に岡山に電話をかけていたという。

父の不在と母との密着。このふたつが吉福の人格に大きな影響を与えているのは確かだろう。まだ小学生の伸逸が、大きな玉座のような椅子にふんぞり返って座っている写真を見たことがある。甘やかされ放題の子ども時代を送ったのは間違いない。小学校へ上がってからも乳をねだっていた、とは本人の言である。

ただ、吉福が甘やかされて育ったのは、からだが弱かったせいもあるようだ。

「病気がちでしたよ。耳がすごく弱い子で、始終トラブルがありましたね。子どものころは耳が痛いのは耐えられないでしょう。父の従兄弟が耳鼻科の医者をしていて、お祖父さんやお祖母さんにおんぶされて、電車の時間が待てないので、線路の上を歩いて医者に行った記憶があります」

「勉強はぜんぜんしなかったけど、よく出来ましたよ。小学校や中学校ではほとんど勉強せずにきたんじゃないかな。小学校三、四年のときだったかな、若い大学卒業したての先生に気に入られてね。吉福は勉強はしなくていいから、身体が小さいし弱いからとにかく運動しろといわれて、一生懸命運動した覚えがありますね。すっごく小さい子だったんです。高校に入ったときに一四五センチくらいしかなかった」

一九五九年春、早稲田高等学院（練馬区石神井）に進学。自身も同じコースを進んだ父による強い希望だったが、たったひとりの上京は心細かったに違いない。最初の一年間は、世田谷区の千歳烏山で新婚生活を送っていた叔父夫婦の家に下宿している。

「こんなちっちゃい子をよく出すね」

周囲は驚いたという。ところが高校在学中に、吉福の身長はするすると一七〇センチまで伸びた。叔母の作る食事があっていたのかもしれない。

のちの吉福を知る者には信じがたい話だが、高校時代までは無口でおとなしい生徒だった。今回の取材で何人かの同級生に話を聞いたのだが、高校生の吉福をはっきり記憶している者は誰もいないのだ。

「ぼくなんか生まれは京都だけど、小学校のときから東京に住んでいたじゃない。下ろしたての白いスニーカーの踵を踏んで履いてたら、すごくびっくりしてたのがいて、それがたぶん吉福だったと思うんだけど」

こう語るのは高等学院の同級生で、吉福と晩年までつきあいがあった作家・セラピストの松本東洋（故人）。漫画家・松本大洋の父である。

「吉福は、とにかく目立たない、無口なやつだったよ。ただ、のちに原信夫とシャープス＆フラッツに入った中島正弘（故人）が吉福とけっこう親しくしていてね、〝あいつ、頭がいいんだよ〟っていってたのは憶えてる。学院で勉強してる奴なんて誰もいなかったから、頭がいいなんてどうでもいいことだったんだけど」（松本）

やはり一、二年生のとき同じクラスだった岩嶋東也もいう。

「学院は一学年五〇〇人いるんです。で、第二外国語は、だいたいはドイツ語とかフランス語を選ぶんですが、へそ曲がりがいましてね、ロシア語を選択したのは吉福と私、高野孟（ジャーナリスト、雑誌『インサイダー』編集長）なんです。一五人しかいないから一つのクラスにされて、一緒になったのが最初です。吉福はほんとうにかわいらしい、田舎の秀才って感じで。確か烏山に住んでいて、剣道部の小川っていうのと一緒に通学していました。あと、最初は軟式野球部でキャッチャーをやっていた。一、二年は同じメンバーだったけど、学院の時の彼のイメージってそれしかないんですよ」

ところが一九六一年、高校二年生のとき、無口で目立たない生徒の人生を変えるできごとがあった。この年の一月、ジャズ・ドラマーのアート・ブレイキー（1919–90）が率いる「ジャズ・メッセンジャーズ」が初来日。リー・モーガン、ウェイン・ショーターらの若いメンバーは、息のあったアンサンブルと熱っぽいソロを聞かせた。ツアーは爆発的な人気を呼び、メディアは大きく取り上げ、日本全国にジャズ喫茶が次々に誕生。聴くだけでは飽き足らず、みずから楽器を手にする若者も多くいた。吉福もそのひとりだった。

「ぼくの音楽的背景を話しますとね、ジャズをはじめたのは高校二年生のとき。早稲田高等学院に、初めてジャズの研究会ができたんです。そのときテナーとギターとドラムはいたけどベースがいなかった。それでぼくがベースをやったんです。たまたまなんです。ぼくがジャズが好きでよく聴いてましたから、〝じゃあ、お前やれ〟、というんでやったんです」

吉福は高校二年生でジャズをはじめたと話すが、松本東洋は「ぼくもブラスバンドでトロンボーンを吹いていたけど、吉福はいなかったと思うなあ」といい、同じく学院から早稲田大学に進学し、のちにプロとして活動するトランペッターの北川匡厚《まさひろ》も「ぜんぜん記憶にない」という。

「早稲田大学に入ってふたりで練習をしたときにはもうベースを弾いてたけど、高校の記憶がないなあ。高校三年のころ、新宿あたりのモダンジャズのレコードをかける喫茶店がえらく流行ってましてね。帰りが遅くなって、成子坂にあった吉福のアパートに泊めてもらったことがありました。そのときもベースは置いてなかった気がしますね」

だが、岩嶋が持参した写真が確かな証拠となった。高校三年時の小さなモノクロスナップに、大きなウッドベースを抱えた吉福が写っているのだ。場所は「北海道弟子屈《てしかが》」とメモがある。すでに大人と変わらない外見の同級生に囲まれて、童顔の吉福はひとりだけ子どもが混じっているように見える。

「昭和三六（1961）年、高校三年のときの慰問旅行の写真ですね。ブラスバンド部の有志と落語研究会で、養老院や結核の療養所とかに行って、泊めてもらって飯食わしてもらって、音楽と演芸を披露したんです。まあ、タダ飯で旅行するためにやったようなもんだったんですよ」

岩嶋はいう。

「ちゃんとベースあるじゃない。なんで俺、知らなかったのかなあ」

北川は首をひねるが、高校時代の吉福はそれだけ印象の薄い、目立たない存在だったということだろう。そんな童顔の少年が、大学へ入学すると大きな変貌を遂げる。

第10章

ぼくの初恋

「僕の早稲田での大学生活は本当にベース一色でした。高校時代に悪友に誘われて、モダン・ジャズの喫茶店に行ったのがそもそもの始まり。それが病みつきになって、モダンキチになって了ったのです。種々ある楽器の中で僕の心を捉えたのが、僕の人生初の恋人『ベース』なのです。初めて自分のベースを持った時の感激。しかし、ベースはおろか、楽器らしい楽器をもったのが始めての僕にとって、毎日の練習はきついものでした。難しいコードに頭を抱えたり、指先が破れて血が出たり……。でも幸い、良い友人・先輩に恵まれ、親切に指導してくださった諸先生のお陰で、一人前のベーシストになれたと自負しています。これからも、新しい音楽創造を目指して頑張るつもりです」

早稲田大学ハイソサエティ・オーケストラの卒業演奏会のパンフレット『jazz LATIN 10th』（1966）に吉福が寄せた一文だ。愛する楽器を「人生初の恋人」という初々しさ。後半の「一人前のベーシスト」というくだりからは、血の滲むような努力をして楽器をマスターした、ミュージシャンとしての自信も伝わってくる。

「ハイソ」の名で親しまれる同オーケストラは、一九五五年創部の学生ビッグバンドの名門だ。「山野ビッグバンドジャズコンテスト」では最優秀賞を最多の一〇回受賞、実力も折り紙つきである。早稲田高等学院から同大学に進学した北川匡厚が、入部のいきさつを話してくれた。

「ぼくと吉福は最初、コンボの、モダンジャズ研究会のほうに入るつもりだったんです。それで大学の入学式の前、ちょっと練習しようとふたりして楽器を持って大学に行って、たまたまハイソサエティ・オーケストラの練習場に誰もいなかったんで、勝手に入って練習してたんです。そうしたら、一年上の岩村秀夫さんがきて、〝お前たち、ハイソサエティに入りたいなら俺がちゃんとしてやるから〟って。いわれて、そのまま入っちゃったの」

モダンジャズ研究会は「ダンモ」の愛称で親しまれる、こちらも一九六〇年創部の名門サークル。ベーシストの鈴木良雄（1946–）やギタリストの増尾好秋（1946–）を輩出、タレントのタモリがトランペットとMCを担当していたことでも知られる。

吉福は、大編成のビッグバンドで演奏するハイソサエティ・オーケストラとスモール・コンボで演奏するモダンジャズ研究会、ふたつのサークルに所属していたと話す。ハイソもダンモも、同じ「音楽長屋」といわれるサークル棟が活動拠点だったから、足りない楽器のプレイヤーを融通し合うことがあったのかもしれない。ちなみにタモリは一九六五年早稲田大学第二文学部入学。吉福が四年生のときの一年生である。はたしてふたりに接点があったのかどうか。

ハイソに入部した当初、吉福が目標にしていたのがポール・チェンバース（1935–69）、ジャズの帝王マイルス・デイビスのバンドで活躍した超絶技巧のベーシストだ。通常ベースは人差し指で弦を弾くが、吉福はポール・チェンバースを真似て、一年生のときから右手の人差し指、中指、薬指をぜんぶ使って演奏していたという。

六三年のアート・ブレイキー&ジャズ・メッセンジャーズ二度目の来日に帯同したレジー・ワークマンも印象的だった。だが吉福が当時、もっともあこがれ、影響を受けたのは、ビル・エヴァンスとの共演で知られるスコット・ラファロ（1936–61）だ。

スコット・ラファロは天折の天才ベーシストだ。一九六一年六月二五日のビル・エヴァンス・トリオによるライブ、『ワルツ・フォー・デビー』、『サンデイ・アット・ヴィレッジバンガード』は日本でも特に人気が高い大名盤。この二枚のアルバムでラファロは、ベースという楽器のイメージを覆す革新的なプレイを聴かせる。リズムをキープするだけでなく、ピアノに寄りそい、ときには鼓舞するように、自在にメロディを奏でるのだ。

ところがこの吹き込みの一〇日後の七月六日、ラファロは交通事故で不帰の人となってしまう。二五歳の若さだった。日本では熱くて激しいファンキー・ジャズ全盛のころ、吉福はこのリリカルで、どこか悲劇を感じさせるアルバムを耳にしたのだろう、さらに練習を重ねるようになった。その凄まじさを北川はいまでも憶えている。

「ベースのガット弦って、練習してると手が腫れ上がってグローブみたいになるんですよ。ほんとに人間の指かと思うくらい。ほとんど四六時中練習してたからね。やっぱり天才っていうのは練習して生まれるんだって、そのときわかりましたよ。だからいくらでも練習できる気力、体力ですよね。こっちは一〇分も吹けば疲れていやになっちゃうのに」

吉福はとてつもない集中力で、ベースの習得にのめり込んで行った。早稲田大学第一文学部西洋史学科に入学したものの、授業に出たのは数回だけ。あとの時間はすべて練習に明け暮れた。二年生のときには上級生を抜いてレギュラーとして定着。やがて学生相手のセッションでは飽き足らず、プロとして仕事をするようになる。

当時はオールナイト営業の喫茶店が流行っていて、夜の二時から朝の五時まで演奏する仕事があった。昼間は大学でハイソやダンモの練習があり、休みの日はコンサート・ツアーもある。一日二四時間のうち寝ている時間以外は音楽漬け、ジャズ浸りの生活。その何年かは眠くて眠くてたまらなかったという。こうした経験を積みながら、吉福はすこしずつジャズ・ミュージシャンとしての階段を登っていく。

「最初に仕事をしたのがピアノの渋谷毅。そのあとは山下洋輔。彼とはまる一年やりました。武田和命というサックスと山下洋輔とぼくとで。そのころに最初の結婚をしたんです。米軍のベースなんかで演奏していて、そうしているうちに学校は行かなくなってしまって。勉強なんてまったくしませんでしたから」

渋谷毅（1939–）は東京藝術大学中退のピアニスト。山下洋輔（1942–）はエッセイストとしても知られるフリージャズの鬼才、ピアニストである。『山下洋輔の世界』（エイプリル出版）には一九六四年、銀座のライブハウス「ギャラリー8」で山下と吉福が共演した記録が残っている。

この年の一〇月に開催された東京オリンピックでは、ハイソのメンバーとともに、各国のアスリートを前に演奏をしている（於・選手村エンターテイメント・ホール）。こうした経験をへて徐々に自信をつけていったのだろう。無口で目立たなかった少年は、ときには自信過剰、傲慢と思われるほどにパーソナリティを変貌させていった。同学年の仲間に対しても、ズケズケと意見をいうことも多かった。

「吉福はすでにプロ活動やってたから。まあ、腕はすごかったからね。ずば抜けてたから。評判良かったんじゃないかな。俺がトランペットの商売をはじめたのも彼の紹介だから。ホテルのパーティなんかも呼ばれて演奏に行ったけど、何やってるかわかんなかったもん」（北川）

吉福が三年生の一九六四年、ハイソに入部してきたのが菅原正二。岩手県一関市のジャズ喫茶「ベイシー」のマスターである。映画『ジャズ喫茶ベイシー Swiftyの譚詩（Ballad）』（2020）でも話題になったこの店、日本一音がいいジャズ喫茶として知られる。ＪＢＬの希少なユニットを手製のエンクロージャーに組み込み、こちらも希少なＪＢＬのアンプ六台で鳴らす。マルチアンプ駆動のシステムから出る音は「本物よりリアル」といわれ、全国からジャズ好きとオーディオ・マニアが集まる、ここも聖地である。

菅原の担当楽器はドラムス。当然、ベースの吉福と練習する時間が多くなる。

「どんな先輩だった？　うーん、怖かった。いちばん怖かった。とにかくね、いびるんですよ。ちょっとでも間違えると振り返ってね、にたーっと笑って。吉福さんが上手すぎたんですよ。当時の学生バンドとしては」

菅原によると、吉福のベースの特徴は左手の弦の押さえがしっかりしていて、正確にリズムを刻むものだったという。

「吉福さんは俺を稽古台に使ってね、とにかくできる限りのアップテンポで、シンバル・レガートを打ち続けろっていうわけ。スピードに挑戦してたんだな。吉福さんは俺のことなんて考えずにタタタタタタタって。気づいてたね。最高速度が早いほうが、スローテンポでも余裕が生まれんのね。いろんなミュージシャンがクリアできないのが、スピードなの。カウント・ベイシーのバンドなんて、圧倒的なスピード感があるために、超スローテンポもできんの」

「吉福さんはこんな感じだったなあ」と菅原が取り出してきたレコードは『アライヴァル・オブ・ヴィクター・フェルドマン』。ピアニスト兼ヴァイヴ奏者フェルドマンのリーダーアルバムだが、多くのマニアはスコット・ラファロのベースを聴く。B面一曲目はディジー・ガレスピー作曲の「ビ・バップ」。超絶的なスピードのランニング・ベースはベイシーのシステムを通して聴くと、息をするのを忘れてしまうほどの迫力だ。

「ハイソは吉福さんの代でレベルあげて、俺たちの代でがっと完成度あげたって感じなんだな。TBS全国大学対抗バンド合戦で、俺たち、三連覇達成したの」

大橋巨泉が司会をつとめ、TBSラジオで毎夜の九時から放送されていた「TBS全国大学対抗バ

［上］一九六四年春、早稲田大学ハイソサエティ・オーケストラの練習場、通称・音楽長屋にて。

左端でウッドベースを抱えているのが二〇歳の吉福伸逸。

［中］大学時代は「ビータ」、つまり演奏旅行のため、日本各地へでかけた。
左から二人目がトランペットの北川匡厚、右端が吉福。

［下］吉福が四年生だった一九六五年一二月、早稲田大学ハイソサエティ・オーケストラは
「大学対抗バンド合戦」のビッグバンド部門でみごとに優勝を果たした。

ンド合戦」は、現在の「山野ビッグバンドコンテスト」の前身である。この大会においてハイソは吉福が四年のときの一九六五年にビッグバンド部門優勝、六六年に総合優勝、六七年も総合優勝を果たしている。

もはや大学に行く理由はうすれていた。ハイソは四年間在籍して六六年春に卒業となったが、大学はまったく授業に出ないまま中退。

「そのころちょうど、市川秀男というピアノと日野元彦とトリオでね。当時のジャズ界でもっとも若いトリオとしてガンガンやってましたね」

ピアニストの市川秀男（1945–）もジャズ評論家小川隆夫のインタビューで、吉福と日野元彦（1946–99）のトリオで「ジャズギャラリー8」に出演したことを話している（『証言で綴る日本のジャズ3』ウェブサイト）。

そのほか黛敏郎、穐吉敏子らも在籍したビッグバンド、ブルーコーツでゲスト・プレイヤーとして演奏。ドラマーのジョージ大塚（1937–2020）と市川秀男のトリオにも参加。トリオにトランペットの日野皓正（1942–）を加えて、当時のマイルス・デイビスのバンドの雰囲気で演奏したともいう。

「日野くんの弟でトコベーってあだ名の、日野元彦というドラマーがぼくより二、三歳下なんです。ぼくが日本を出る前に、最後に一緒に仕事していたのが日野皓正カルテット。弘田三枝子の歌伴なんかが多かったですが。日野くんのグループで最後は一〇か月くらいやっていたのかな。日野くんはぼくがアメリカに行ってから五年間、うちの父が買ってくれたマンションに住んでいたんですよ」

運命のアメリカ演奏旅行の話が舞い込んできたのは、一九六七年のことだった。

第11章

悪霊

「そのころ俺たち〝日本に敵なし〟なんて鼻息荒くてね、アメリカ西海岸の大学あてに片っ端から手紙を出したんですよ。コンサート・ツアーをしたいから受けてくれって。そのときレギュラーのベーシストが、アメリカに行けないといいだしたんですよ」

菅原正二がいう。ハイソの最上級生になっていた菅原たちは一九六七年、アメリカ西海岸へのコンサート・ツアーを企画。六四年四月に海外渡航が自由化されてからまだ三年、一ドル三六〇円の時代である。尻込みするメンバーがいても不思議はない。そこで、かつてリズム隊として組んだ先輩に白羽の矢が立ったわけだ。

「いいよ。つきあうか」

吉福の返事は即答だった。

「俺にしてみれば、吉福さんがいればアメリカ行っても安心だったの。ベースがしっかりしてればバンドは総崩れしないもん」(菅原)

コンサート・ツアーは一か月のあいだに、UCバークレーやスタンフォード大学、カリフォルニア大学サンディエゴ校など合計一一の大学を回るハードなものだった。二月二六日に羽田を発ち、翌二七日には、UCバークレーにおいて初日の演奏がおこなわれた。日本の大学生による一糸乱れぬアンサンブル、カウント・ベイシーの名曲やラテンの人気曲の連発に、聴衆は度肝を抜かれたことだろう。コンサートのようすを取り上げた地元紙には「リズム・セクションは力強く堅実なビート(strong and steady beat)を刻んだ」と書かれている。

そうしてUCバークレーでの演奏を終えた夜のこと。

「終わってから、地元のクラブにジャムセッションに行ったんですよ。俺、最初聞いてたの。そうしたらドラマーがイモでね。ベース弾いてた吉福さんもイライラして、〝菅原、替われ!〟っていうんですよ。そこにね、バークリー音楽院の人が来てて、そうそうに話がついたらしくて。それで吉福さんはアメリカに移住するって決めて、帰ってすぐ行ったんだと思うよ。だから吉福さんが留学するきっかけを作ったのは、俺だったの。俺、いつも吉福さんに叱られたりいじられたりしてて、お礼いわれたのは二回しかないんですよ。〝アメリカに行ったのは、菅原のおかげだったんだ

よ〟って」(菅原)

このときのことは、私も吉福から聞いている。

「たまたま、バークリー音楽院の人が聴いてたんですね。そのときフリージャズみたいなことをやってたんですが、ぼくは気が強いもんだから、向こうのドラマーがぼくのペースについてこられないのを怒ったんです。もっとよく音を聴け！って。そういう気の強さとか、自分のスタイルを持ってた。そこじゃないですか。奨学金を出すから来ないかといってきたので、帰国して即座に条件を満たす譜面とアレンジを書いて送って、それで行ったんです。大変な決断でしたけどね」

こうして吉福は一九六七年の秋、ボストンへと出発する。大学在学中に結婚した妻の広枝(HIRO)とふたりの旅立ちだった。

マサチューセッツ州ボストンは、アメリカ東海岸に位置する歴史の古い港湾都市。チャールズ・リバーを挟んで対岸にはハーバード大学、マサチューセッツ工科大学がある学園都市でもある。バークリー音楽院(一九七〇年にバークリー音楽大学と改称)は一九四五年創設の音楽教育の名門で、ジャズの理論や演奏法、作曲を学ぶため、世界中から若いミュージシャンが集まっていた。卒業生はそうそうたる顔ぶれで、日本人に限っても穐吉敏子、渡辺貞夫、小曽根真、大西順子、山中千尋、上原ひろみ……と名前を並べただけでそのすごさがわかるだろう。

このボストン時代のことを吉福が書いたエッセイがある。

「『シン！　リッチのところで皆なでやるんだ。ベースがいないから来てくれよ！』たぶん、こういう誘われ方だったと思う。英語がよくわからなかったし、もう相当前の話だからよく覚えてはいないけれど、ボストンでの最初の一年程の間は、こんな調子で始終ジャムセッションに呼ばれてた。元々、寝起きの悪い上にボストンは暑くて寒い（？）所だったから、朝起きづらくてしょっちゅう遅刻してはいたけれど、朝から夕方まで音楽のお勉強をやって、夜になると仕事かジャムセッション。今思うと、よくもまあと言える位音楽〳〵の毎日だった」（『なまえのないしんぶん』93号1976）

アパートは学校から歩いて二、三分の距離にあり、近くにはミュージシャンやその卵がたくさん住んでいて、道の両側からいろんな音楽が聞こえてくる。歩いているだけでハイになりそうな環境だった。

若いミュージシャンとのセッションは七、八時間にもおよんだ。ソロ楽器なら他の奏者の演奏のあいだに休めるが、ベースとドラムスは休めない。それでも「負けてたまるか」と自分にいい聞かせ、指の関節が腫れあがるまで演奏した。過酷な日々だったが、充実感でいっぱいだった。生活のすべてがジャズ、ジャズのあいまに食べて寝るというパターンができあがっていた。

吉福よりすこし早く、バークリー音楽院で学んでいた日本人ミュージシャンが二人いる。ベーシストの荒川康男（1939–）は一九六五年に、ピアニストの佐藤允彦（1941–）は六六年に、それぞれ奨学金を得てバークリーに留学。現在もピアニスト・作曲家として活動を続ける第一人者、佐藤允彦が話してくれた。

「六七年の夏の終わりだったかな、あるいはもう授業が始まってたころかもしれないけど、吉福さんと奥さんのＨＩＲＯちゃんだっけ？　ふたりがやってきて、ぼくらの近くにアパートを借りて住みはじめたんです」

彼らが学んだのは「プロフェッショナル・ディプロマ」という、すでにプロとして活動しているミュージシャンが、より高度な音楽理論や作曲法を習得するためのコースだ。吉福は授業には真面目に出ていたし、ベースもそこそこ弾けるようだったが、なにより印象に残っているのは、そのおっとり、のんびりとした性格だった。

「彼は朝が苦手でね、〝眠いー〟とかいってゴロゴロしてるのを奥さんに叩き起こされていましたね。それで言葉の端々に、〝ぼくのおじいちゃんはなんとか電鉄の偉い人で、金が無くなったら、手紙を出せばすぐ送ってくれるんです〟、なんて。ぼくらは学費や生活費をかせぐために演奏の仕

[上] ボストンのバークリー音楽院で学んでいたころ。アパートの自室にてくつろぐ吉福伸逸。
[下] 授業やセッションが休みの日には、クルマを飛ばして近隣に出かけることもあった。写真はボストンの北、ニューハンプシャー州ホワイトマウンテン・ナショナルフォレストにて。

事をしてましたから、うらやましいなお前はって」

高校時代からプロとして活動していた佐藤にとって、二歳年下のベーシストは弟分みたいなものだったろうか。宿題が間に合わないというのを手伝ったり、ピアノとベース、デュオの演奏の仕事を紹介したこともある。

「パーク・スクエア・ホテルのダイニングで演奏する仕事を、荒川さんが都合で来られないときにやるようになったのね。ベースのランニングでへんな音をとったりするから、〝そこはB♭（ビー・フラット）じゃだめだ、B♮（ビー・ナチュラル）だ〟〝すいませーん〟みたいな会話をかわした記憶がありますね（笑）」

佐藤がおぼえている吉福は、自信満々で後輩をどやしつける姿とはだいぶ違う。四歳年上の荒川や佐藤に対しては、小学校に上がっても乳をねだった甘えん坊の地が出てしまったのだろうか。

荒川と佐藤は一年後の一九六八年に帰国。そのあとバークリーにやってきたのが〝ぷーさん〟こと菊地雅章（1939–2015）。長くニューヨークで活動し、七〇年代には引退中のマイルス・デイビスのリハーサルに参加したこともあるピアニスト、キーボード奏者だ。ふたりはすぐに仲良くなり、何度もセッションを重ねた。

「佐藤さん、ぷーさんと仕事をしているときは常にピアノを聴いてね、ついていくということが中心でしたね。いつも教わってるなあという感覚でしたね。ぷーさんには、〝シンちゃん、日本に帰るんだったら今だよ〟といわれたのを憶えてます。そのころちょうど日野くんが売れ始めていたころで、〝今帰らなかったら、一生帰れないよ〟とね」

もうひとり、ボストンでの吉福をよく知る人物がいる。早稲田大学ハイソサエティ・オーケストラの同期で、匿名を条件に話をしてくれたAだ。Aは大学卒業後の一九六八年に渡米。サンフランシスコで音楽の仕事をしていたが失業し、大陸を横切ってボストンまでたどり着き、吉福のアパートに転がり込んだのだ。六九年七月のことである。

「長距離バスでボストンまで行って、吉福の家に居候させてもらったんです。ハイソ時代は向こうはすでにプロ並みだったからあんまり接点はなかったけど、あいつけっこう面倒見がいいし、しゃべるのが大好きだから、腹割っていろいろ話すようになったのね」

吉福の練習ぶりは、ボストンでも鬼気迫るものがあったという。

「やっぱり集中力が違うよね。話しかけても聞こえないくらい集中してるからね。ボストンであいつが練習はじめると、静かにしてるから、俺。だって紙一重だから。そばにいると恐ろしいもん。それぐらい没入してるわけ」

ハイソ時代と同じように、一心不乱で音楽に打ち込んでいた吉福だが、ボストンでの生活も二年が過ぎたあたりで、どうも雲行きがあやしくなってくる。『なまえのないしんぶん』からもう一度引用しよう。

「それが、なんとなく、別にある日突然とか、ある出来事をきっかけとしてってわけじゃあなくて、ただ何となくおかしくなってきた。自分のやっていることに疑問が出てきたり、一緒にやっている連中に対する不満が湧いてきたりし始めた」

だんだん理屈っぽくなって、人をつかまえては議論をふっかける。いつも不機嫌で気難しく、他人を批判する。陽気で人懐っこい吉福の、ダークサイドがどんどん出てくるのだ。

「しばらくしたら今度は、ハイソで一緒だったピアノのTっていうのが、夫婦でボストンにきたの。そうしたら吉福がTに、音楽的なことをガンガンいうわけですよ。〝お前、こんなことでどうすんだ〟〝ジャズってものがわかってんのか〟。そうすると毎晩喧嘩ですよ。そのうちTが吉福を嫌うようになっちゃって」(A)

音楽的な行きづまりが、こうした態度にあらわれていたことは間違いない。どんなに練習しても、黒人のようなリズム感、フィーリングを身につけることは難しく、それが大きなコンプレックスになっていた。

当時の複雑な社会状況も背景にあった。一九六〇年代後半はベトナム戦争の最盛期。友人が従軍したまま帰ってこない、そうかと思うとトリオで仕事をしたドラマーは、つい数日前にベトナムから帰ってきたばかりということもあった。

「そういう緊張感でへたばっていたんでしょうね。いろんなドラッグをやっていたこともあるでしょうし。ま、ドラッグをやるといっても最近の若い人がどういうふうにやっているか知らないけど、むっちゃくちゃでしたから。LSDからなにから、浴びるようにやってましたから。回されたら断れない。そうしないと仲間でいられないですから。そういう状態でジャム・セッションしますから」

ジャズとドラッグは切っても切れない関係にある。チャーリー・パーカーをはじめ、バド・パウエル、ビリー・ホリデイ、マイルス・デイビス、チェット・ベイカー、ビル・エヴァンス、ジョン・コルトレーン、リー・モーガン……。天才といわれた多くのジャズ・ミュージシャンたちが危険なドラッグで命を削っていた（ただし彼らが多く使用していたのはヘロインで、ジャズメンがLSDを服用していたという話はあまり聞かない）。

加えてボストンの冬は、マイナス一〇度以下になる過酷な寒さだ。ついに吉福の身体が悲鳴をあげた。

「ボストンに行って三年目かな。肺気胸というのをやったんです。ボストンは雪深いところで、裏に停めてあったクルマを雪のなかから押し出して、疲れて帰ってきて、夜、ヒッチコックの『鳥』という映画を見ていたら突然呼吸ができなくなって、救急車で運ばれたんです。それが契機となって音楽を止めることを考えはじめたんです。それ以来、半分神経症みたいでしたね」

胸の二か所に穴をあけて管を通し、肺の外に出た空気をゆっくりと抜いていく。手術は無事成功したが、幼いころ病弱だった吉福にとって、この肺気胸は心身に大きなダメージを受けるできごとだったのではないか。

「それでもぼくは根はものすごくまじめですから、どこかでお感じになっていると思いますが(笑)、すごい真剣に考えてがんばってやっていたんです。そのあと直接ぼくがもう、これはだめだと思ったのは、バークリーにチェコスロバキアから三人のミュージシャンがきたんです。ミロスラフ・ヴィトウスと、もうひとりジョルジュというベース。三人目がピアニストの……ええと……マハヴィシュヌ・オーケストラでやってた……」

ミロスラフ・ヴィトウス（1947–）はフュージョンのスーパーグループ「ウエザー・リポート」の初代ベーシスト。ジョルジュというのはオスカー・ピーターソンやトミー・フラナガンとの共演で知られるジョージ・ムラーツ（1944–）だろう。最後のひとりはキーボード奏者、ヤン・ハマー（1948–）だ。両親ともに著名な音楽家で、四歳でピアノをはじめ、一四歳のときには自身のジャズ・トリオでヨーロッパを演奏旅行した。そんな天才が一九六八年のソ連軍のチェコ侵攻のあおりで、アメリカに移住してきたのだ。

ヤン・ハマーは当初、ベースのゲイリー・ピーコックとトリオを組んでいたが、ゲイリーが自然食の勉強のために京都に行くことになり、吉福にオファーがあったという。共演した期間は約一か月と短かったが、他のミュージシャンとは違う、まるでクラシックのマエストロのようにジャズを演奏する姿勢に驚いた。年齢は五歳下なのに、風格が違うのだ。

「それとね、ヤンのピアノで聞こえない音があるんです。ベーシストでピアノのコードで聞こえない音があるというのは致命的なんです。大体、聞こえるんです。どんなコード弾いてるのか、どう展開するのか。でかいショックでしたね。こいつ、俺の分からないコード弾く、もう止めようと思ったんです」

のちに超絶技巧集団「マハヴィシュヌ・オーケストラ」でギターのジョン・マクラフリンとともに全米を熱狂させたヤン・ハマーである。ついていけなくて当然なのだが、吉福の完璧主義がそれを許さなかった。

そのころ舞い込んできたのが、プレイボーイ・クラブの仕事だった。男性向け雑誌『プレイボーイ』のオーナー、ヒュー・ヘフナーが経営するナイトクラブのハウス・ミュージシャンの仕事である。プレイボーイ・クラブのシカゴ一号店ができたのは一九六〇年。ボストン店はその六年後、六六年に開業した。「ボストン・グローブ」紙によると、バニーガールのコスチュームがボストンの気風に合わないと、なかなか営業許可が降りなかったらしい。

当時の写真に映るバニーガールは扇情的だ。ジャズの頂点を目指して留学した吉福は、どんな気持ちでこの仕事をしていたのだろう。ギャランティーは高額だったが、心は晴れなかった。もう自分は頂点には立てない、〝ベース・オン・トップ〟への道は閉ざされた。もはや音楽をやる意味はないのではないか。

「もう精神的に壁にぶち当たってるわけですよ。だからバークリーにも行かないで、プレイボーイ・クラブで演奏して、夜は酒を飲んで、俺につっかかるわけ。〝お前、これからどうすんだ〟〝人生ってのをどう考えてるんだ〟って、毎晩くるわけです」（A）

「お前、これからどうすんだ」

「人生ってのをどう考えてるんだ」

この言葉は、むしろ自分に向けたものだったのではないか。吉福の奇行が目立つようになるのはこのころだ。まるで悪霊にとりつかれたようだった。

強い酒を浴びるように飲み、泥酔状態で側にいる者に議論をふっかける。頭髪をいきなりぜんぶ剃ってしまい、LSDを服用したままハイウエイをものすごいスピードで飛ばす。三メートルもの大雪が降る夜中に「ニューヨークに行く」とクルマを出そうとするのを、Aが必死に止めたこともある。

「ボストンからニューヨークまで、クルマで七時間くらいかかるんです。高速も通行止めだし、これはとんでもないことになると思って。しょうがないから〝俺も行くよ〟って助手席に乗り込んで、出すもんなら出してみろって。そうしたら諦めたけど」

自殺願望、自殺衝動がきわまっていた。

このとき吉福の心の中で、何が起きていたのか。実は、吉福が帰国後の一九七五年に書いた「TONAL & NAGUAL　呪術師ドンファンの宇宙」(『AUM』)という文章のなかで、気になっていた部分がある。

「いまから五年ほど前に、僕の意識はたいへんなショックを受けました。それ以来、意識は何も信じなくなりました。それは何でも信じるようになったとも言えると思います。多分僕のトーナル（掲載時表記ママ）が何かに驚いたんでしょう」

一九七五年の五年前ということは、ちょうどボストンで奇行が始まったころに重なる。トーナルとは個人の意識のことだが、このとき意識が受けた「ショック」とは何を意味するのか？　関連している部分をもうすこし引用してみよう。

「トローマ（トラウマ・筆者注）を持っているひとのトーナルが驚き、収縮するのは、自分の宇宙図にあてはまらない現象を取捨選択の余地のない強烈さで示されるからです。つまり、不用意にナグアル（掲載時表記ママ）を目撃してしまうからです」

「一分のすきもない時間と空間のびっしりつまった宇宙の無限な全体性は、トーナルという拠り所を失った感覚器官に襲いかかります。深海の圧力が肉体を粉砕するように無限な座標軸を持つ宇宙の全体性は一瞬のうちに私達を吹き飛ばす力を持っています」

文脈からして、ここに書かれているのは吉福の実体験なのではないか。つまり、意図せずナグアル――意識を囲む未知の領域、語ることのできないもの、始まりもなく終わりもないパワーの源――を目撃してしまった吉福は、「自分の宇宙図にあてはまらない現象を取捨選択の余地のない強烈さで示され」、「深海の圧力が肉体を粉砕するように」、一瞬のうちに吹き飛ばされた……。

吉福がこの「ナグアルの目撃」について書いたのは後にも先にもこのときだけ。それゆえ推測するしかないのだが、それまでの肉体の酷使と精神的なストレス、アルコール（ドラッグ）の濫用とボストンの冬の寒さが重なって、意識は過大なショックを受けた。

そこで目にしたものは宇宙なのか、神なのか、魔物なのか。いずれにせよ言葉にすることができない強烈な体験であり、トランスパーソナル心理学でいうスピリチュアル・エマージェンスの、とびきり重篤な一例といっていいだろう。

この「ナグアルの目撃」のくだりを読んで思い出したのが、ヒンドゥー教の聖典『バガヴァッド・ギーター』のクライマックス、御者の姿をした神＝クリシュナが自らの真実の姿を王子アルジュナに顕示する場面だ。以下は『バガヴァッド・ギーター』（辻直四郎訳　講談社）からの引用。

「多くの口・目を有し、多くの稀有の外観を呈し、多くの神的装身具をつけ、多くの神的武器を振りかざし」

「神的花環・外衣を身につけ、神的芳香・香油を塗り、一切の奇瑞を具うる、無限にして一切の方向に面する神を」

「もし天に千の太陽の光輝、一斉に立ちのぼりたりとせば、そは恐らくこの卓越者の光輝に等しからんか」

その姿を見て、アルジュナは恐れおののきひれ伏して、「恐ろしき形相をもつ卿は、そも誰なりや、われに告げ給え」と尋ねる。答えて神＝クリシュナはいう。

「われは『時』（死、運命）なり。強大なる破壊者なり。もろもろの世界を破壊すべくここに出動せり。たとい汝なくとも敵陣に居並ぶ一切の戦士は生存することなかるべし」

時間と空間を超越したスケールの大きさと、リアリティあふれる生々しい描写に驚く。もしかしたら『バガヴァッド・ギーター』の作者は、変性意識のヴィジョンのなかで実際にこのような光景を目にしたのではないか。吉福が目にしたものも、これに類するなにかだったのではないか。精神科を受診すれば統合失調症と診断されたかもしれない。二〇代半ば過ぎまで、音楽を演奏する以外なにもしてこなかった人間が、突然、強烈な精神の危機に陥ったのだ。宇宙服も着ずに、ハダカのまま宇宙空間に放り出されたようなものだ。どれだけ不安だったろう。どれだけ怖かったろう。


心身ともに疲弊しきった吉福は、もはやジャズを続けることはできなかった。もう、ボストンにはいられない。

「誰もいないところへ行きたい」

「言葉が通じないところへ行きたい」

そんなとき、プレイボーイ・クラブのボーイからブラジルの話を聞いた。南国のイメージは魅力的で、ポルトガル語の国というのも好都合だった。

「けっこういい給料とってましたから、お金はぞんぶんにあったんです。それで奥さんとふたりで、すべてを投げうってブラジルに飛んだんです。ボストンからニューヨークへ行き、中村照夫くんというベーシストのところに一週間くらい居候していました。ちっちゃなカウチにふたりで寝てね。ぼくが勉強してためた音楽の資料はぜんぶ照夫くんにあげてしまいました。雪が降ってましたね、ニューヨークは」

このときAはビザの更新のためヨーロッパへ出国していて、戻ってみたら、吉福のアパートはもぬけの殻だった。

「あいつは細やかだったよね。繊細すぎるくらい。その繊細さを隠して、逆に強く出てたんだよね。だからあんなになっちゃうんだよ。たかがベースでさ。これ以上ダメだとあいつはわかっちゃった。そうしたらもう、深刻もいいところ。壁にぶち当たって、絶望して、悩みに悩んで、諦めて。ぼくはあいつが帰国してから何回も会ったけど、ジャズの話は一切聞いてない。避けてたんだよね。吉福ともっと、ジャズの話をしたかったたな」

一九九三年のインタビューで吉福は、二〇歳近く年下の私を相手に気持ちがゆるんだのだろう、ジャズをはじめたきっかけから大学時代のこと、プロとしての活動、バークリー音楽院への留学から挫折まで、饒舌すぎるほどに語ってくれた。おかげで今回、ミュージシャン時代のことをくわしく書くことができたわけだが、かつてのジャズ仲間に対しては口をつぐんでいたことを知って、なんともいえない気持ちになった。吉福にとって、ジャズを止めたことは単に職業を変えたということではなく、人生そのものに絶望するほど重いことだったのだ。

第12章

夢のカリフォルニア

一九七一年二月、雪のジョン・F・ケネディ空港を出発してリオ・デ・ジャネイロ国際空港に降り立つと、そこは真夏のカンカン照りだった。二〇歳そこそこでプロのミュージシャンになって以来、楽器を持たずに旅をしたのは初めてのこと。それまではつねに音楽が寄りそっていて、週末にドライブに行くにもベースが手離せなかったのだ。

なんという解放感！　カーニバルの余韻が残るリオにホテルをとり、コパカバーナの海岸でひと泳ぎ。ビーチに行って、泳いで、マリファナを吸って。ただそれだけのなにもしない日々。楽しくはあったが、しだいに空しさが心を占めていく。音楽は捨ててしまった、自分にはなにもない。どうやって生きていこう？　金はどんどん減っていく。気分は落ち込み、そのあと一年間のブラジル滞在は悪夢のなかにいるようだったという。

半年ほどたって吉福とＨＩＲＯは、クルマで二時間ほど内陸に入った果樹園に住まいを移す。電気も通っていないアマゾンの奥地で、畑を耕して野菜を作り、空いた時間はポルトガル語の勉強に費やした（のちにＣ＋Ｆのスタッフとなる斉藤光人と出会ったのはこのころだ）。

そんなある日、吉福は理由の分からない風土病にかかってしまう。薬を飲んでも熱が下がらず、気を失ったまま三日が過ぎた。

「意識が戻ったのは四日目でした。ぼくの顔にこういうブツブツがあるのは、このときの名残りなんです。それからだいぶすっきりしましたけどね。ひとつの治癒のプロセスだったと思うんです。いろんな心の傷みたいなものがそういうかたちで出てきたんでしょうね。そのころから性格がわーっと変わってきましたね」

病気を境に、ふたりは旅行をはじめる。ブラジル各地をクルマでめぐり、アマゾン川をさかのぼり、風光明媚なマット・グロッソや北部のバイーアも訪れた。アルゼンチンやウルグアイにも足を伸ばした。

この旅行がリハビリテーションの効果を果たしたのだろう。ようやく日本へ帰国する気持ちが芽生えてきた。頭に浮かんだのは、かつてコンサートで演奏したカリフォルニアのＵＣバークレー。もはや前世にも思える一九六七年のあのとき、どこまでも続く広いキャンパス、きれいな芝生、女の子はすっ裸に近いかっこうで歩き回り、自由で解放的な空気にあふれていた。

「帰国する前に、もう一度あのキャンパスを見てみたい」

リオのカーニバルが終わった三月、吉福とＨＩＲＯは一年間暮らしたブラジルを離れ、カリフォルニアへと旅立った。


ふたりはまずブラジルからメキシコへと移り、スピーチはともかく、読み書きに自信がなかった英語をもう一度勉強し、同時にスペイン語も勉強した。

そうして半年後、ロサンゼルス行きの長距離バスに乗る。バスの旅のあいだ吉福は、おぼえたばかりのスペイン語を使ってメキシコ人とアメリカ人の通訳をしていた。そんなとき、アメリカ人の若者が「出たばっかりの本だよ」と一冊の本を見せてくれた。

『*The Teachings of Don Juan*』

一九六八年の発売以来ベストセラーとなっていたカルロス・カスタネダの、ドン・ファン・シリーズの一冊目だった。読みだしたら止まらない。夢中になってページをめくるうちに、ふと気づくとバスは物語の舞台であるソノラ砂漠（メキシコ北部からアメリカ合衆国アリゾナ州、カリフォルニア州に広がる砂漠地帯）を走っているではないか。

「あれを読んで、自分が体験してきたこと、（ジャズを止めたことで）煮つまっていろいろやっていたことが、はたと分かったんです。意識ということで見ていくと、こういうふうに見えるんだ。それまではコンシャスネスなんて言葉は頭になかったですから。それがオーディナリー・コンシャスネス＝日常的意識だとか、ノン・オーディナリー・リアリティ＝非日常的現実という言葉で入ってきて、ああ、こういうふうに見ればいいんだ、と。だからカスタネダは命の恩人かもしれない。でかい出会いでしたね」

のちに「ぼくを混乱の暗闇から太陽の下へ」道案内してくれたと書く、運命的な出会いである。悪夢におびやかされて逃げ回る日々から、悪夢をもひとつのリアリティとして捉え、対象化し、向き合う道があることに気がついた。

このとき吉福は、自分の内面を旅するコンパスを手に入れたのだ。

カリフォルニア州バークレーに着くと、そこは記憶のとおり、自由で解放的な雰囲気にあふれていた。一九七〇年代の初頭、若者たちの関心は仏教、インド哲学、道教など東洋思想へと向かっていた。

一九五九年の中国軍の侵攻によって国外へ逃れ、カリフォルニアへたどり着いたチベット仏教のラマ（高僧）もいた。一九六一年にJ・F・ケネディ大統領によって創設された「平和部隊」に志願した若者たちは、タイやミャンマーで仏教と出会い、ヴィパッサナー瞑想をアメリカに持ち帰っていた。曹洞宗の鈴木俊隆老師（1905−71）がサンフランシスコ禅センターをひらいたのは一九六二年のこと。人気絶頂期のビートルズがインド・リシケシのマハリシ・マヘシ・ヨーギ（1918−2008）の元を訪れたのは一九六八年二月。国際社会の動きが、若者たちの心にダイナミックな影響を与えていたのだ。

実は吉福も高校時代、坐禅研究会に入って参禅をしていたことがある。ただしこのときは自分の問題意識からというより、友だちに引っぱられて参加していたというのが事実のようだ。

「そのころ鈴木大拙がブームになって、みんなで坐禅をやろうということになったんです。学校の先輩が住職をしている寺で、毎週日曜日の朝に坐禅会をやっていました。メンバーは吉福のほか、谷崎昭男（相模女子大理事長、谷崎潤一郎の甥）がいましたね」（岩嶋東也）

毎週末に寺へ通い、庭掃除などの作務をこなしながら坐禅をする。年末には曹洞宗大本山總持寺（横浜市鶴見区）で臘八接心《ろうはちせっしん》（一二月一日から八日まで昼夜を問わず坐禅すること）に参加したこともある。

こうした体験が心をよぎったのか、ひとつのアイディアが浮かんだ。仏教やインド哲学の文献はサンスクリットという言語で書かれている。これはとにかくものすごく難しい言語らしい。

「もしサンスクリットに挑戦してマスターすることができたら、ジャズを止めたことで失った自信を回復できるのではないか?」

思いついたら、善は急げだ。さっそくUCバークレーにアプリケーション（入学願書）を提出。アメリカの大学には、英語ができれば比較的入りやすい聴講生＝Auditorという制度がある。吉福が利用したのはこの制度だったのではないか。


サンスクリットのクラスは大人気で、六〇人ほどの生徒が集まり熱気にあふれていた。吉福はジャズに熱中したのと同じ集中力でサンスクリットの勉強に打ち込んでいく。朝早くから夜中まで、サンスクリットしかない生活。すぐにクラスでいちばん優れているといわれるまでになり、サンスクリットの学者になるよう勧める教授もいたという（吉福はゴールドマンという先生がいたと話していたが、それがロバート・ゴールドマンなら、いまもUCバークレーのサンスクリットの教授である）。

クラスメートには、マハリシ・マヘシ・ヨーギのTM瞑想を実践している者、黄色い衣装で歌い踊るハレ・クリシュナ・ミッション（クリシュナ意識国際協会）のメンバーも多かった。だが吉福は日本人として、若者たちの東洋への幻想、教祖への過度な思い入れを冷めた目で見ていたようだ。彼らとインド人のグルを訪ね、議論をふっかけることもあった。

「同時にクラスのなかには、さまざまな心理学系、新しいサイコセラピーの実験グループに加わっている人もいました。彼らといろんな呼吸法を試したり、ゲシュタルト・セラピーなんてよく参加していましたし。そのころですよ、ぼくが今やっているようなことを身につけたのは。といっても一九七〇年代前半ですから、エスタブリッシュされていないんです。ぜんぶ試行錯誤のなかで、自分を実験台にしてやっていたんですね」

偶然同じアパートに住んでいたダグ・ボイドと、ローリング・サンダー（ネイティブ・アメリカンのメディスンマン。ボブ・ディランの『ローリング・サンダー・レビュー』のモチーフとなったことで有名）のミーティングに参加したこともある。ちなみにダグ・ボイドの両親、エルマーとアリスのグリーン夫妻は有名なメニンガー・ファウンデーションの主任研究員で、トランスパーソナル学会とも関わりが深い。吉福とトランスパーソナル心理学の縁はこのころはじまったともいえる。

インド生まれの賢人、クリシュナムルティの講演を聞き、感銘を受けたのもこのころだ。二〇〇一年まで語らなかったことだが、サンフランシスコ州立大学の宗教学教授で『*New Religion*』の著者ジェイコブ・ニードルマンが主宰するグルジェフ・サークルにも参加。バークレーから近いサンフランシスコ市内にある、サンフランシスコ禅センターにもしばしば出かけた。

「禅センターにも深く関わっていましたよ。ぼくの前の奥さんが禅センターで茶道を教えていて、その教え子がね、タサハラ禅堂という、禅センターの奥の院みたいなところで集中修行をやるといいって、寸前に首をつったということもありましたね。いっぱいの人がぼくのまわりで死んでいったんです」

このころ、アメリカに渡ってきたひとりの日本人がいた。フジテレビを退社したばかりの上野圭一だ。

「バークレーに住みはじめてすこしたったころ、親しくなったアメリカ人が〝面白い日本人がいるよ。UCバークレーでサンスクリットを勉強してる〟って。それで、ぼくのほうから訪ねて行ったんですよ。部屋に入るとウッドベースがごろんと転がっていて、びっくりしましたね。ぼくもジャズが好きだったから、ジャズ談義をしましたね。演奏活動は止めていたけど、ベースに対する愛着は持ってたんですね」

家には妻のHIROもいたが、眉を剃り、平安時代の女性のような化粧をしていたのが印象に残っている。もうひとつ驚いたのは、吉福の蔵書だった。

「壁には天井までの大きな本棚があって、『西田幾多郎全集』、『和辻哲郎全集』とか、よだれが出るような本ばっかりずらりと並んで。〝読みたいっていうと親が送ってくるんだよ〟ってしゃーしゃーといってましたね。いい身分だなあと思いましたよ」

父の寿が下津井電鉄の社長に就任したのが一九七一年。会社の経理にはきびしかった寿だが、三〇歳近い息子に対してはずいぶんと甘い父親だったようだ。

吉福と上野は仲良くなり、何度も会って話した。そんなとき、吉福はふと不安をもらすこともあったという。

「そういえば彼は、日本に帰りたい気持ちはあるけど、もう帰れないいんじゃないかという不安を持っていたんですね。〝今の日本に帰ってなにかする余地があるだろうか〟ってさかんに聞かれましたね。ぼくはもう最初っから〝ある〟といいました。〝吉福さんには帰って日本でなすべきことがある〟。何度もそういったおぼえがあります。でも、彼はすごく慎重でしたね」

ジャズは止めてしまったから、仕事もない。いまさらミュージシャン時代の仲間にも会えない。

「ここまできちゃうと、別に帰んなくてもいいんだけどね」

はっきりしない態度の吉福に対し、日本に帰ってこれまで見てきたことを伝えたらすごく日本のためになる、と上野は帰国をすすめた。

上野のあとにバークレーにやってきたのが、アーティストの杉本博司だ。今や現代美術の大御所となった杉本も、当時はロサンゼルスのアートセンター・カレッジ・オブ・デザインで写真を学ぶ学生だった。

「吉福さんに会ったのはバークレーですね。たぶん七二年か七三年くらいかなあ。紹介してくれたのは斉藤光人、ぼくが東京に一時帰国したときに、一緒にシベリア鉄道に乗って貧乏旅行をした友だちなんです。そのとき、〝シンちゃんっていう面白い人がいるから、カリフォルニアに帰ったら会ってみて〟っていわれて、それで会いに行ったのが最初です」

杉本と吉福はすぐに意気投合。週末になるとロサンゼルスからバークレーまで、八時間ほどかけてクルマを走らせる日々が始まる。吉福夫妻が住んでいたアパートに泊めてもらい、深夜まで語り合うこともあった。

「キミ、何やってるの？」

「いまは写真やってるけど、日本では唯物史観をやってたんだよ」

「へえ。じゃあぼくが仏教のことを教えるから、君はぼくに唯物論を教えてくれる？」

立教大学経済学部で学んだ杉本は、マルクスやフォイエルバッハ、ヘーゲルの思想について即席の講義をした。吉福は禅をはじめとする仏教、東洋思想について語った。杉本は西海岸にいた二年ほどの間に、日本語と英語で仏教の典籍を一気に読んだという。

「カルロス・カスタネダのことも教えてもらって、新刊が出るたびに一緒に読みました。吉福さんはUCバークレーでサンスクリットを勉強していたけど、正式な学生、研究者という感じはまったくなかったですね。一時的にそこに存在しているボヘミアンというか、当時は〝フリーク〟っていいましたけど、要するに常にイッちゃってる、この世にあらずって感じでしたね」

バークレーを訪れる日本人の若者たちに対して、杉本も加わって〝セッション〟に発展することもあった。

「吉福さんとはなんか波長があったんですかね。ふらふらやってきた若いのをふたりで問い詰めて、真に受けた相手はリアリティをひっくり返されて、路頭に迷うみたいなね。そんな感じでふたりして、来る人をいじめていました（笑）」

そんな若者のなかには堀渕清治、藤井悟もいた。ふたりは一九七三年、早稲田大学三年生の夏休みを利用してバークレーを訪れたのだ。

「バークレーの街を歩いていて日本人のヒッピーの人に声をかけられて、吉福さんのところに連れて行かれたんです。〝面白い人がいるよ〟って。当時バークレーの有名人だったんじゃないですか。会って、びっくりしましたけどね。こんな人がいるんだって。とっても自由な感じで、すごい迫力があって、きちっとこちらに対面して、いろんなことを確信を持ってしゃべるでしょう。こんなふうに自分に向き合ってくれる人がいるんだって驚きましたね」（堀渕）

その日から、堀渕と藤井は毎日のように吉福のアパートを訪ねる。吉福による〝言葉責め〟の記憶も生々しい。

「いや、いつもいじめられましたよ。一対一のときはほんとに彼はすごいからね。瞬間にドスーンと本質的なところを突かれて、グラーっとくる。それを克服するための修行が続く。〝なんだおまえ、ダメなやつだな〟っていいたかったんじゃないかな。でも、意地悪な言葉にも愛があったと思うし、だからこちらも聞けたという」

そのことに気づいたのは、帰国の際のこと。堀淵の荷物のなかに、たまたま知り合いから渡されたマリファナが入っていた。それを誰かから聞いたのか、吉福がホテルまですっ飛んできたのだ。

「ぼくは軽く考えていたんだけど、吉福さんはすごく真剣にね、〝清治くん、こんなつまらないことでなにかあったら、ほんとによくないから。これはぼくが預かるから〟って。そのときの彼の真剣な眼差しに、すごい愛を感じたんですね」

堀淵は帰国して早稲田大学を卒業。ふたたび渡米して、カリフォルニア大学ヘイワード校の修士課程に入学。八五年に小学館の相賀昌宏(のち第三代社長)と知り合い、アメリカでマンガブームを起こしたことは著書『萌えるアメリカ』(日経BP)にくわしい。その後は「ブルーボトル・コーヒー」日本法人の初代社長としてコーヒーブームに火をつけ、現在は「ダンデライオン・チョコレート」のCEOとして日米を飛び回る日々である。

「もし、彼と会わなかったら……。バークレーであのフリーな世界にぶっ飛ばされて、その象徴が吉福さんだったの。ああ、こんな人がいるのか、こういう世界があったのかって。卒業してアメリカに行ったのも吉福さんの影響以外のなにものでもない。そういう意味では、吉福さんがいなかったら今の自分はあり得なかったと思いますね」

リアリティをひっくり返されたのはこうした若者だけではない。最盛期は過ぎたとはいえ、当時のカリフォルニアは意識の変革の場、実験場であることに変わりなかった。吉福と杉本は、ある意識の変容を体験している。

「いわゆるサイケデリックス、LSDを使った心理的な実験をふたりでやっていたんですね。こんなちっちゃなケミカル（化学物質）が身体に入って、意識の状態がまったく変わってしまう。これはどういうことなのか。自分の身体を実験場にして探求する、そういう考えですよね」（杉本）

第7章に書いたとおり、LSDは化学者アルバート・ホフマンによって合成された薬物である。その作用は驚くほど幅広く多様だ。すこし長くなるが、『サイケデリック・ドラッグ　抗精神物質の科学と文化』（L・グリンスプーン＋J・B・バカラー著　杵渕幸子＋妙木浩之訳　工作舎）の記述を引用してみよう。

「見なれたものがまるではじめて見るかのような魅惑的な恍惚感を伴い、想像を絶するほど意味深さがあるように感じられるのだ。美への反応はとぎ澄まされる。色彩はより鮮烈に、ものの表面は豊穣になり、輪郭は鋭利になる。そして音楽はより深い情感を帯び、物体の空間的な配置は特別な意味をもつようになる。（中略）また深い知覚が先鋭化し、遠近の感覚が歪み、残像が長びき、生命のない対象物が相貌をもって立ちあらわれ、（中略）時間はひどくゆっくりと流れるように感じられ、そこにあらわれる一つひとつの事態が魅惑的なものとして感じられる。あるいは永遠なるもののなかで、時間がまったく停止する」

「愛、感謝、喜び、共感、欲望、怒り、痛み、恐怖、絶望、あるいは孤独感はきわめて強力なものとなる。（中略）他人に対し通常はありえないほどに開放的で親密になることも、他人が異様な操り人形かロボットのように見えるほど、人から隔絶することも起こりうる。（中略）たいてい短期的記憶は障害を受けるが、はるか昔の忘れ去られた出来事が無意識の底から解き放たれよみがえる」

「圧倒されるような恐怖と歓喜で体験される死と再生を通して、自己の喪失を体験する。神や悪魔と出会っていると信じたり、身体を離れて上方から自分の身体を見下ろし、またただちに遠くに移動するために、身体を捨てることもできると感じたりする。神秘的なエクスタシーの様々な段階が最高点、ヒンズー神学ではサッチタナンダ（目覚めたままで至福となる境地）とされる状態に達する。そこでは、すべての矛盾は永遠に解消し、すべての疑問は解決し、すべての望みは無意味となるか充たされ、すべての存在は究極の現実と感じられる体験によって包含される。境界は消え、時間は止まり、言葉は不要となる」

少し文学的すぎる表現にも思えるが、逆にいえば、多くの宗教、神秘思想、聖典、神話、伝説、幻想文学、シュールレアリズム芸術などは、これに類するヴィジョンから生まれたのではないか、という想像もはたらく。

「ラリって気持ちよくなるとか、そういうものじゃないんです。アシッド（酸＝LSDのこと）は、根本的に自我が失われた状態になりますから、危ないですよ。バークレーでも自分が鳥になったと思って、ビルから飛び降りちゃうみたいな事件がたくさんありましたから。だからふたりがやっているときは、HIROちゃんがついて、見守っていたんですよ。そのころの体験は、ぼくの作品に色濃く影響しているわけです」

杉本はいう。有名な「ジオラマ（スティルライフ）」の作品群は、野生動物の剥製を書き割りの背景の中に置き、8×10のカメラで撮影したシリーズ。肉眼で見ればすぐに作り物だとわかる展示が、写真にすると実際に生きているようなリアリティが出てくるのだ。

「ぜんぶ作り物なのに、生きているように見える。これは完全にLSD的なヴィジョンですよね」

「劇場」シリーズも同じだ。一本の映画を上映しているあいだ、カメラのシャッターをひらきっぱなしにしていると、スクリーンの部分が真っ白に映る。あたかも映画一本分のリアリティが一瞬に凝縮されて、白光に溶けてしまったような、これもLSD独特の時間感覚の喪失を表現したものといえる。

「そういう神秘体験みたいなものをふたりでしました。その一、二年の体験というのはぼくの人生を変えましたね。それがなかったらぼくも普通の人で、普通の写真を撮っていたかもしれない」

ＬＳＤの体験は世界中の若者たちに影響をあたえ、六〇年代から七〇年代にまたがる意識改革の波へとつながっていった。ティモシー・リアリーはＬＳＤに出会い、ＬＳＤの伝道師になった。ラム・ダスはＬＳＤを使わずに同様の体験を得るため、瞑想と信仰の道に入った。スタニスラフ・グロフはＬＳＤの代替物として、ホロトロピック・ブレスワークを開発した。ジョン・レノンは『ルーシー・イン・ザ・スカイ・ウィズ・ダイアモンド』と歌い、スティーブ・ジョブズはパーソナル・コンピュータを生み出した。

ただ、吉福の場合、こうしたＬＳＤの体験に影響を受け、それを日本に紹介しようとしたというわけでもないようだ。吉福は、自分の三〇歳までの人生をふり返ったとき、ドラッグ体験はそれほど重要ではないと話している。以下は九三年のインタビューより。

——昨日からずっと話を聞いていて、どの辺が吉福さんの転回点かなあと思っているんですが。

「ジャズを止める葛藤でしょう。それがいちばん大きいです。ぼくの人生の中のターニング・ポイントかな。それで即座に変わったとはいえないないけど、ジャズを止めたことによって、さまざまな出会いがいっぱいあって、それで総合的に変わっていった。違う人間になった」

――時間的にはかなり長い?

「かなり長い時間がかかった。四～五年というタイムスパン。それよりも長いかもしれない。五～六年ぐらい」

――それは自分で意図的に変えていったということですか?

「はたと気がついたらこういう人間になったんです。模索している間に」

――そのあいだ、常に自分はなんだ、なんで生きているんだろうと問いかけていた。

「そうね」

――その変容の過程で、ドラッグというのは重要な要素なんでしょうか。

「そんなに大きくないですね。なんというか、追加確認の道具だった」

――確認する?

「もう一回ね。ジャズを止めようと思いはじめたときから、三年、四年の間に、自分がいろいろと葛藤してきたこと、その間の苦しみ、のたうちまわっていた精神、あの入り込み方はドラッグにはなかった。ドラッグはもっと分離の感じがありますね。意識が変化してドーっと入っていくけど、それを見ている自分がいる。それがなくて苦しい状況というのは、もう面壁(禅を中国に伝えた達磨大師が、九年間壁に向かって坐禅したという故事)でしょう」

吉福は自身のLSD体験について語ったことはほとんどないし、そこで見たものを重要視していない。これは多くの新宗教の教祖との違いでもある。ホロトロピック・ブレスワークで岡野守也が感じたように、変性意識のなかで〝体験〟したことを信じてこだわってしまったら、それはまた別の妄想世界への入り口なのだ。

ではなぜ、吉福は「体験」から自由でいられたのか。私はホロトロピック・ブレスワークとLSDを、どちらも一〇〇回以上試したという猛者に会ったことがある。彼によれば、どんなにブレスワークをやってもLSD以上の効果は得られなかったという。化学物質というのは、それだけ強力なのだ。

そんな薬物がかすんでしまうような〝ドラッグを超えるもの〟とはなんだろう。ここで思い出されるのは、雑誌『ザ・メディテーション』の編集長・三澤豊の言葉だ。

「ドラッグの場合は時間がたてば覚めるけど、クスリなしでいっちゃうと、どうやって戻ってくるかわからない。どんどん幻聴や幻覚が出てくる、辛い日々でしたね」

唯一のアイデンティティだったジャズを失った吉福は、自己の存在意義を根底から問わざるをえなかった。先が見えない暗闇の中、のたうち回り、壁に直面するように問うしかなかった。それはドラッグをも凌駕する、現実という名の醒めない悪夢。

ボストンを逃げ出してブラジルへ渡っても、悪夢のなかの自問自答は続いた。そしてカリフォルニアへと向かう途中でカルロス・カスタネダの本と出会い、自らの内面を対象化して見るすべを知った。バークレーでのＬＳＤの実験は、それを確認する作業だった。

こうした過程をへて、吉福のパーソナリティは劇的に変化した。のんびりした、甘ったれのお坊ちゃんはもうどこにもいなかった。岩嶋東也が見せてくれた早稲田大学時代の写真には、背中を丸め、視線を伏せた吉福の姿が写っている。

ところが七〇年代に帰国して以降の写真では、背中をまっすぐと伸ばし、視線は鋭く相手を見すえている。

「相手が、変わったねーとびっくりするくらい、でっかいパーソナリティの変容があったんですね。だから、まったくの前世ですよ。一見して気配が違うから。ジャズやってたころは落ちつきもないし、いつも必死だから余裕がないんです。今は余裕だらけですけど、ハハハ。ジャズ・ミュージシャンならその変化をすぐ感じ取るでしょうね。だって話す口調もぜんぜん違うんだから」

本人は笑うが、しかし、ジャズを止めたことによって負った傷は生涯癒えなかった。ベースを手放すことはなかったが、ハイソの先輩や同級生が誘っても、二度とベースを奏でることはできなかった。

UCバークレーでのサンスクリットの授業は、偉大な文法学者パーニニを扱うようになっていた。パーニニは紀元前四世紀に生まれ、サンスクリットの文法学を確立したことで知られる人物である。三九五九もの規則を八つの章にわけて説いた文法は、体系的で精緻。だがあまりにも複雑であった。

「こんなことをしていていいのか、というのと、前の奥さんのお母さんが病気になったり、うちの親からもいいかげんにしろ、というのがあって、帰ってきたんです。……だいぶお分かりになったでしょう。波瀾万丈なんですよ。ハハハ。なんでも来いになるのがわかるでしょう（笑）」

一九六七年に日本を出て、帰国したのは七四年。足掛け八年の海外生活だった。それからのち、一九八九年に日本を離れるまでの一五年間については、すでに書いたとおりだ。

ここまでたどってきてようやく、苦労して日本に紹介したトランスパーソナル心理学を、放り出してしまった理由が見えてくる。

人生を賭けて打ち込んだジャズを止めた吉福は、もはや抜け殻だった。日本に帰国したあともPTSD（心的外傷後ストレス障害）からくる悪夢にさいなまれた。ピアニストの佐藤允彦によれば、吉福が家に遊びにきて、「ぼくは手の中に何でも出すことができる」、「座ったまま宙に浮かべる」などと口走ったこともあったという。

やがてすこしずつ周囲に人が集まり、ニューエイジやトランスパーソナル心理学を日本に紹介するようになるが、そうしているあいだも精神は絶望と虚無に苛まれていた。「ナグワルの目撃」がフラッシュバックすることもあったかもしれない。

仕事は頼まれれば断らない。持ち前の集中力で、寝る間も惜しんで没頭した。短期間にあれだけの文献を翻訳できたのは、誰よりも多くのトランスパーソナルな体験があったからだし、その体験を実証的に理解し、伝えたいという思いがあったからだろう。だが、それも音楽の代わりにはならなかった。

岡野守也によれば、このころの吉福の口癖は「どうでもいいんですけどね」というものだった。散々議論をして言葉を尽くしたあとに、

「ま、どうでもいいんですけどね」。

無責任な言葉ともとれるが、雑誌『宝島』七六年一月号にはじめて吉福が書いた原稿のタイトルも「どうでもいい世界」だった。

「どうでもいいから、どうでもいい世界に住んでいる人ではなく、どうでもよくないから、どうでもいい世界に住まざるをえなくなり、ついには、どうでもいい世界が唯一の世界になった人たち

を僕はジャンキーと呼んでいる」

こだわりが強すぎて、思いが大きすぎて、善悪の価値判断を超越してしまったジャンキー。それはまさしく、自分のことだったのだろう。

だが八〇年代の後半、吉福はジャズを止めて以来初めて意味のあることを見つけていた。家族との生活である。

「この年齢でハワイに行くと決めたのはちょうど上の子が父親を必要としている時期に入ってきていると分かったので、母親からひっぺがさなさないといけないと思って。東京にいたらぼくは時間がとれませんから。ハワイなら身体的接触も十分とれるし」

九三年のインタビューでこの言葉を聞いたときは、そんなものかな？　と思った。だがあらためてジャズを止める過程をたどってみて、吉福をこの世に繋ぎとめていたのは妻の恵津子と長男・然、次男・見という家族だけだったと思うようになった。

こうして吉福伸逸の波乱万丈の物語は、幕を閉じたかに見えた。ところがこのあとまたしても、誰もがあっと驚く展開が待っていた。舞台はサーフィンのメッカ、ハワイのノースショアである。

第3部 林住期

第13章

ノースショアの浜辺にて

神奈川県茅ヶ崎市でサーフショップを営む伏見康博は一九九一年、商品の買いつけのためハワイの北端、ノースショアを訪れていた。お目当ては「ハワイアン・サーフ」という新進のアパレルブランドだ。ハワイの花柄をあしらったカラフルなサーフショーツは新鮮でおしゃれ。きっと日本でも人気が出るはずだと、伏見は確信していた。

ハワイアン・サーフのオーナーは、体格のいい白人男性のフレッド・パターチア(故人)。もちろん本人も熟練のサーファーであり、息子のフレド・パターチア・ジュニアもプロを目指すサーフィン一家であった。

ノースショアの高台にある家でおこなわれた商談はスムーズに進んだ。この地域のリラックスした雰囲気のためかもしれないし、フレッドが連れてきた日本人通訳のおかげかもしれなかった。伏見は英語が得意ではなかったが、シンと名乗った通訳の男はジョークを交えて場をリラックスさせ、双方の気持ちを汲み取りながら、もっともいい形で合意を形成すべく、コミュニケーションをとってくれた。

商談がうまくいったことを感謝しつつ通訳のフルネームを聞くと、ヨシフクだという。

シンイチ・ヨシフク。

えっ？　待ってください。ヨシフク？　吉福？　あの、トランスパーソナル心理学の吉福さんですか？

「そうだよ」

驚きとうれしさが入り混じって、伏見は相手の手を握り何度も強く振っていた。

一〇代のときに湘南の海でサーフィンと出会った伏見は、大学を卒業してサーフィン業界に就職。三年で独立すると、サーフボードを作る工場とサーフショップ、さらには弁当屋まで兼業して、昼夜を問わず働いていた。ところがあるとき過労と睡眠不足が重なって倒れてしまう。

精神的に不安定になって医者にも通ったが、症状はなかなか改善しない。そんなとき心のよりどころとして読んでいたのが『意識のスペクトル』、『トランスパーソナルとは何か』といった本だった。それを翻訳・執筆した本人がいま、目の前にいるのだ。

伏見は本の内容でわからなかったこと、たまっていた疑問を吐き出すようにぶつけた。吉福はそのすべてに、ていねいに答えてくれた。

「もう、ほんとうにしあわせでしたよ。吉福さんが自分で作った書斎に泊めてもらって、とにかく聞きたいことは全部聞いて。心が晴れ晴れとしたことは憶えています」

余談になるが、不思議な出会いはこれだけではなかった。伏見はオーストラリアの女性用水着メーカーとも取引していたのだが、通訳の女性がたまたま、ハワイの通訳は誰かと聞いてきた。吉福の名を告げると、

「シンちゃん?」

と驚くではないか。彼女の名前はリネット・リース。一九八五年のトランスパーソナル国際会議で事務局長をつとめた人物だった。偶然というには、あまりにも不思議な偶然の一致である。

一九八九年末にハワイに移住した吉福と家族は、ホノルルからクルマで一時間ほど北へ走ったノースショアに居をかまえた。いまでこそハレイワタウンを目指す観光客で道が渋滞することもあるが、当時はサーファーが歩いているくらいで、あたりにはのんびりとした空気が流れていた。家は緑に囲まれた高台の住宅地にあり、海からの風が吹き抜ける絶好のロケーション。

生活の中心は家族であった。これまで仕事一辺倒で、家のことは妻・恵津子に任せっきりだった

ことへの反省は当然あっただろう。子どもの学校への送り迎えから炊事、洗濯、掃除といった家事の一切を吉福がおこなった。空いた時間は裏庭に畑を作り、日本から送ってもらった野菜の種を植えた。傾斜した地形を利用して、母屋の床下に自分用の書斎も作った。かつて新大久保のマンションをDIYで改装したように、のこぎりで板を切り、一枚一枚床を張っていった。

吉福がサーフィンと出会うのはそんなときだ。ノースショアは世界でも有数のサーフィンのメッカなのだからこれを偶然と呼ぶべきかはわからないが、たまたま家の向かいに住んでいたのがベッキー・ベンソン・ジェイ。一九七三年のハワイ・チャンピオンで、七七年には世界三位にランクインするなど、女性サーファーのパイオニアとして知られる人物だ。

「シンが庭で息子たちと遊んでいるところをよく見かけたの。そのころゼンもケンも英語をうまく話せなかったけど、シンとエツコは上手だったので、話をするようになったのね。彼はとってもフレンドリーで、しゃべるのが大好き。すぐに仲良くなりましたよ」

やがて頼まれて、この日本から来た親子にサーフィンを教えるようになる。

「ノースショアはリーフ(サンゴ礁)が浅くて波が高いのでほとんどの場所は上級者向けなんだけど、ハレイワのアリイビーチは波がおだやかで、子どもたちのいい練習場所になっているの。うちの娘は生まれて一〇か月でサーフィンをはじめて、三歳のときにはひとりでボードに乗っていたわ」

吉福が初めてサーフィンをしたときのこともよく憶えている。

「ハレイワの湾の内側で、ロングボードに乗りました。私がボードを押すと、彼はビーチまで波に乗っていきました。うまかったですよ！　彼もサーフィンが気に入ったんでしょうね。それからノースのサーフ・カルチャーに思いっきり入り込んでいったんです」

ベッキーの家族と吉福の家族でそろってビーチに行き、暗くなるまで過ごすこともあった。食事をともにし、会話を楽しんだ。

「シンは家も庭もいつもきれいにしていました。困ったときは力になってくれたし、とてもいい隣人でした。シンのことを思うときにまず浮かぶのが、彼の前向きな姿勢です。包容力があって誰のことも受け入れ、他人を悪くいってるのを聞いたことがない。いつもポジティブで、人生の明るい面を見ている人でした」

「ノースショアの波は、神さまからの授かりものなんだ。ハワイのなかでもノースショアに押し寄せる波は特別にパワフル。サーフィンをする者にとって、世界中を探しても、こんなパーフェクトな場所はないね」

フレッド・パターチアはいう。二〇歳のときにフロリダからノースショアにきて六五歳になる今日（二〇一八年取材時）まで、ずっとサーフィンの世界で生きてきた。

「サーフィンで得られる至福感、これにまさるものはないね。多くの偉大なサーファーがいってきたように、セックスよりいいかもしれない。波のてっぺんに乗って見下ろすと、吹き上げる風が顔に当って、濃霧の中に飛び込んでいくような感覚がある。そんなときはシーンとして音もなく、時間がゆっくり流れるような感じがする。ハマったら抜けられないよ」

吉福と知り合ったのは一九九〇年の初め。ふたりの息子、然とフレッド・ジュニアがサンセット・ビーチ・エレメンタリースクールの同級生だったことがきっかけだ。

「ジュニアが学校から帰ってきて、ゼンという男の子に会ったというんだ。英語があまりしゃべれないけれど、新しい相棒だって。それからちょっとして、吉福家に呼ばれたのかな。日本で生まれたゼンは、突然ノースショアに放り出されて、さぞ戸惑ったことだろう。だが彼は地元の少年たちと仲良くなろうと努力し、すぐにそれは成功したと思う」

父親同士も、すぐに意気投合。吉福がサーフィンをはじめたころのことも印象的におぼえている。

「シンが家族をビーチに連れてきて、ビーチの世界に頭から飛び込んだ。本当に立派だと思った。あれだけ年齢がいってからサーフィンを覚えるのは、人が考える以上に難しい。肩や背中など上半身の細かい筋肉が必要だからね。それなのに一生懸命サーフィンを覚えて、すごくクールだと思った。彼にもそう伝えたよ」

日本にいるあいだは運動らしい運動はまったくしていなかった吉福が、五〇歳を目前にサーフィンをはじめた。そのことを伝え聞いた友人やC＋Fの元スタッフは耳を疑った。なにしろ一日中机に向かっていて、身体を動かすのはオフィスと居酒屋「ふるさと」を往復するときくらいだったのだ。だが、フレッドの話を聞けば、それが息子たちのためだったことがわかる。

「アリイビーチのサーフセンターの真ん前にベンチがある。シンは一五年間毎日、四時半から暗くなるまでずっとそこに座って、子どもたちがサーフィンをするのを見ていた。週末はそれこそ一日中、ゼンやケン、地元の子どもたちを見守っていたんだ」

瀬戸内の海で育ったのだから、もちろん泳ぎはお手のもの。もしなにかあれば、すぐに飛び込めるよう、じっと待機していたのだ。やがて然やフレッド・ジュニアはサーファーとして活躍するようになり、吉福は地元のコミュニティやサーファーたちにも一目置かれる存在になっていく。

「日本の若いサーファーがハワイにくると、日本最高峰のサーファーでさえ、必ずシンのところに挨拶に行くようになった。ハワイに行って、何か問題あったらあの人のところに行けばいい。そんな存在になっていったんだ」

「オハナという言葉を知っているかい？　これはハワイの言葉でファミリー、家族を意味する。俺たちはハレイワのアリイビーチを、オハナ・ビーチ、家族のビーチにするためにずっと努力してきたんだ」

大柄で貫禄たっぷり、地元のボスといった風情のアール・ダーリンがいう。一九四六年ホノルル生まれ。一〇代でノースショアに引っ越して、それ以来ずっとサーファーとして生き、ビーチを見守ってきた人物だ。アールの息子、カノア・ダーリンは知らぬ者がいないトップ・プロである。

「俺たちは家族全員でビーチでピクニックをしていた。そこにベンソンの家族がやってきてシンとエツコ、ふたりの息子を紹介したんだ。俺たちはすぐに仲良くなった。シンの一家は俺たちのオハナの一員になったんだ。上の子のゼンは、よくうちに泊まってバーベキューを食っていたな」

吉福と家族は、ベッキーやフレッド、アールと家族ぐるみのつきあいをするうちに、すこしずつサーファーのルール、ビーチでのふるまいを学んでいった。アールも吉福の知性と只者ならぬ存在感を感じ取り、ふたりはすぐに「兄弟よりも親密」な仲になった。

やがて吉福はアールを手伝って、サーフィン大会の運営にかかわるようになる。「マーボー・ロイヤル」として始まり、のちに「ハレイワ・インターナショナル・オープン」へと発展するアマチュア向けのイベントである。この大会はボーイズ、ジュニアメンズ、メンズ、マスターズ、シニア、ウイメンズ、ロングボード、ジャパン・メンズディビジョンなど細かい部門にわかれていて、その日の波の状況を見きわめ開催されていくのだ。

波のコンディションは当日にならないとわからない。そのためサーフィンのコンテストには試合日数の何倍かの開催期間が設けられ、もっとも条件のいい日を選んで試合が行われる。吉福もコンテストの期間は毎日、早朝からビーチに出て波の状態をチェックしていた。

「シンがコンテストの運営を助けてくれ、日本からのスポンサーを得るのを手伝ってくれた。RASHウエットスーツからGショックまで、シンがつないでくれたスポンサーだ。シンについて俺が好きなところは、彼が正直な人間だということだ。曲がったことが嫌いで、いうべきことはいう。相手が嫌がることでも、いう。俺たちは似ているんだ」

サーフィンのサの字も知らなかった吉福が、あっというまにノースショアのコミュニティに入り込み、受け入れられていった。なぜそんなことが可能だったのかずっと不思議に思っていたが、アールと話していると理由がわかる気がする。確かに、ふたりは似ている。プリミティブな存在感、向かい合ったときの圧力が尋常ではないのだ。

オープンな性格、ハラの据わった態度は、都会よりもむしろこのような場所において本領を発揮した。吉福はまさに水を得た魚のごとく、ノースショアで存在感を増していく。

九〇年代の初頭、吉福がサーフィンにハマっていたころに書かれたのが『処女航海　変性意識の海原を行く』（青土社）だ。雑誌『イマーゴ』に「異常体験の心理学」として連載された文章は、吉福がワープロの操作をおぼえて、小川宏美の手を借りずに初めて自分で書いたものである。

「畑や庭仕事をするようになってから、木、草花、野菜などの移植をする機会が多くなってきた。数日前にも、開墾して間がない裏のゆるやかなスロープに、段々畑の急な坂に植えてあった小さなレモンの木を移植したばかりである」

「なぜか今年はハワイ諸島沿岸を回遊するクジラの数が例年になく多いらしい。岸辺の近くだけでも一五〇〇頭近くはいるという。このクジラは夏場をアラスカの海で過ごし、冬になると太平洋を下ってきてハワイの近海でメイティングをする群れで、種類としてはハンプバック（ザトウクジラ）とスパーム（マッコウクジラ）がおもである」

ハワイの海や自然の描写からはじまって、深層心理、変性意識にまで思いをはせる。かつてごつごつと固い文章を書いていた吉福に、こんなにもみずみずしく美しい文章を書く感性があったのかと驚く。逆にいえばこのころようやく、それまで言葉にできなかった体験を、日常的な言葉によって描写するコツを身につけたのかもしれない。

ノースショアでの暮らし、サーフィンとともにあるライフスタイルがよほど気に入ったのか、九二年七月におこなわれた「宗教・霊性・意識の未来」のシンポジウム（西武百貨店池袋コミュニティ・カレッジ）でも、本題はそっちのけで次のように語っている。

「いまぼくはすごく好きなことを見つけたんです。いっしょうけんめいサーフィンをやってまして、ハワイを離れて十日になるんですけど、友達と電話で話していたら、それ以降二度ほどいい波が来たらしいんです（笑）。（中略）『いい波がある』といわれると、胸騒ぎがして帰りたくなる」

「たぶんこの興味はずうっと続くと思うんです。なぜかといいますと、波には二度と同じものはありませんし、つねにスリルがあって、命がかかっている。ちょっと気を許すと珊瑚礁にたたきつけられたりしますから、おそらくこの興味は当分続いていくと思うんですね。宗教よりも、どんな深いスピリチュアリティよりも（笑）、波に乗って、気持ち良く波そのものになったときのあの気持ちだけは忘れられませんので、早くハワイに帰って、サーフィンをやりたいです（笑）」

そういえばこのころ、もうひとつ不思議な出会いがあった。早稲田大学ハイソサエティ・オーケストラの先輩、坂田道《おさむ》との再会である。一九六一年卒業のOBで在学中はなにかと世話になっていた坂田が、日本で初めて本格的なサーフボードを自作したサーフィンの草分けでもあると知り、吉福は驚いた。ふたりはノースショアで久々に再会。そのときの写真がハイソ四〇周年の文集『アンサンブル』に掲載されている。

「ノースショアはサーフィンの震源地であり、メッカなんだ。スポーツとしてのサーフィンの発祥の地であり、サーファーなら一度はノースショアへ巡礼に来る必要がある」

こう語るのは、ランディ・ラリック。一九五〇年に米シアトルで生まれ、五歳でハワイに移住。高校卒業以来ずっとノースショアに住んでいるレジェンド（伝説的なサーファー）である。若い時期にはコンペティター（競技者）として世界中を回っていたランディだが、そのころは、まだプロサーフィンの世界は確立されていなかったという。

［右］サーフィン界のレジェンド、ランディ・ラリックとも深い信頼関係で世界有数のサーフィン大会「トリプルクラウン」に関わった。
［左］妻・恵津子、長男・然、次男・見とハワイ・ノースショアの自宅にて。
Photos by Hitomi Watanabe

「能力のある若者たちがサーフィンだけで生きていけるよう、このスポーツのプロフェッショナルな側面を開発する必要があった。だから一九七六年に、ぼくとフレッド・ヘミングズがワールド・プロ・ツアーを立ち上げたんだ」

そうして一九八三年、それまでノースショアで個々にひらかれていた「ハワイアン・プロ」、「ワールドカップ」、「パイプライン・マスターズ」の三つの大会を統合し、世界有数のサーフィン大会「トリプルクラウン」を創始する。ランディは二〇一二年に引退するまで、この大会のエグゼクティブ・ディレクターをつとめた。

「シンと会ったのはGショックがきっかけだったと思う。Gショックがシンとリエゾン（仲介役）のような契約を交わしていたんだ」

カシオ計算機の時計ブランドGショックが、「ワールドカップ」のスポンサーにつき、吉福はその現地コーディネーターのような役割を担った。

「シンはGショックのためにとてもいい仕事したので、トリプルクラウンの総合スポンサーのVANSも、シンにVANSのために働いてくれるように要請したんだ。それはトリプルクラウンにとってもありがたいことだったし、シンの息子たちもサーファーだったから、関わりがあることをよろこんだと思う」

ハワイの独特のビジネスのやり方、ローカルとのつきあい方を知っていた吉福は、ずいぶん重宝されたようだ。

「シンは、日本や米本土のスポンサーたちがハワイのイベントに関わるための手助けをした。スティーブ・ヴァン・ドーレン（VANSの創業者の息子で、当時副社長）がいい例だ。彼はシンのことが大好きだった。日本人は真面目でちょっと堅苦しい。シンが加わると雰囲気がずっとカジュアルになって、ユーモアを交えて交渉がおこなわれた。VANSも日本側も、シンのおかげでビジネスが楽だったと思うよ」

ランディと吉福は大会をスムーズに運営するため、必要とあれば顔を合わせ、話し合った。大会の期間中、吉福は本部席にどっかと座り込み、トラブルがないか常に目を光らせていた。

「ぼくはシンのドライなユーモアが好きだった。ジョークを飛ばして、自分で自分のジョークを笑う。ちょっといとおしいクセだといつも思っていた。でもタバコは吸いすぎだった。いずれ悪いことになるよと、いつも忠告していたんだけど」

サーファーたちの話を聞いていると、ハワイでの吉福は日本にいるときよりもリラックスして、気持ちもポジティブになっていたようだ。ノースショアの美しい海と青い空、のんびりした雰囲気のおかげだろうし、畑仕事や日常的な家事が禅でいう作務、あるいは作業療法の効果を果たして、すこしずつ過去の傷や疲れが癒されていったのかもしれない。もちろん、いい波さえあれば他になにもいらないというシンプル・マインドな人たちとのつきあいが、その効果を高めたのだろう。

「オンリー・ア・サーファー・ノウズ・ザ・フィーリング」

ランディ・ラリックが教えてくれた言葉である。波に乗る感覚、気持ちよさは、実際にやった人にしかわからないという意味だ。

そういえばピアニスト佐藤允彦もジャズのインプロヴィゼーション（即興演奏）について面白いことを話してくれた。セッション中、演奏しているのは自分なのに、〝誰かに弾かされてる〟と感じることがある。あるいは相手が音を出すその前に、先に音が聞こえることがあるという。そんなとき録音を聴き返してみると、驚くほど当意即妙の、不思議な調和にみちた音楽が録音されていることがある。

「だからインプロヴィゼーションというのはやっぱり、経験した人じゃないとわからない独特の感覚というのがありますよね」

サーファーのセリフとまったく同じではないか！　サーフィンとジャズに共通する、言葉ではあらわせない感覚。単に気持ちがいいだけではなく、時空を超え、自他の区別を超える、クリエイティブなフィーリング。ジャズ・ミュージシャンを目指した吉福が、変性意識の探求ののちにサーフィンに熱中したのは、当然の帰結だったのだろう。

もうひとり、このころの吉福のようすを知る日本人に、フォトグラファーの長野博文がいる。雑誌『リラックス』の連載ページのため、サーファーやハワイの風景を撮ってくれるよう私が依頼したのだ。いまでこそ前田敦子のCD『フラワー』のジャケットなどで有名になった長野だが、デビュー作は湘南のサーファーを撮影したCD-ROM写真集『サーファーズ・ポートレート』（フォレスト）だった。

「長男の然くんがサーフィンをやってると聞いて、ぜひ撮らせてもらおうと、ミノルタの広告とかいろいろからめて行ったんですね。吉福さんのツテで、現地でのガイドさんを紹介してもらいました」

ノースショアのローカル（地元住民）たちとのやりとりを見ても、吉福が一目置かれているのを感じたという。

「吉福さんに紹介してもらったから安心して撮影ができたというか、やっぱり外から来るサーファーたちはクスリをやっていたりして、あぶないじゃないですか。そういうのから地元の人たちが守ってくれたというのはありますね」

撮影のあいまには家に招いてうどんを作ってくれたり、ネイティブ・ハワイアンの聖地「ヘイアウ」を案内してくれたこともある。ビーチに座ってふたりで海を見ながら話したこともあった。

「なんでサーファーの写真を撮ってるのって聞かれて、サーファーたちが陸に上がって来るときの瞬間、無心のところを撮りたい。それがいちばんきれいだからっていったら、共感してくれたのを憶えていますね」

そのころの吉福は、なにか達観した、仙人のような雰囲気がしたという。

「ちょっとさみしそうな感じがしましたね。肝臓が悪いっていってました。長生きしないんだって。あとは息子さんの話しかしない感じ。かわいくて仕方がない。ハワイの女の子は成長が早いから、心配だともいってましたね。だからそのとき、奥さんと息子さんがセンターだったんじゃないですかね。頼まれて、発売されたばかりの『ドラゴンクエスト』のゲームソフトを買っていったりしましたよ」

まったく表に出すことはなかったが、九〇年代後半あたりから、吉福は自分の体調がよくないことに気づいていたのだろうか。

第14章

悲しみの共同体

吉福が楽園ハワイの生活を満喫しているころ、トランスパーソナル心理学の紹介・普及には急ブレーキがかかっていた。関連書の出版はパタリと止まり、ワークショップやセラピーも激減する。ところが不思議なことに吉福自身については、存在感が薄まるどころか、むしろますますその神秘性、カリスマ性に拍車がかかったように見える。

九〇年には財団法人幼児開発協会（のちにソニー教育財団と統合）の雑誌『幼児教育』で、ソニーの創業者・井深大と対談。八五年のトランスパーソナル国際会議で組織委員をつとめた井深は『マジカルチャイルド育児法』を読み、共感していたのだろう。連載対談の30回、31回の二回に渡って吉福をゲストに迎え、じっくり話し込んでいる。吉福も日本を代表するカリスマ経営者に対して臆することなく、教育問題から人類の進化までさまざまな分野について持論を展開する。

同じ九〇年秋には、岡野守也と討論をおこなう。『徹底討論　テーマは「意識の変容」』（春秋社）は、これまで編集者と著者という関係から遠慮があった岡野が、自分の思いを吉福に正面からぶつけた内容だ。

同書を読むと、この時点ですでに吉福がトランスパーソナル心理学を引き気味に見ていることがわかるし、岡野との違いも鮮明になっている。岡野は戦争、格差、環境といった問題を解決し、人類がこれからも生き残っていくためには、意識の変容が必要であると主張。そのためにも意識の変容をへた、いわば菩薩の境地にあるものがリーダーとなって人々を導くべきだという。

それに対して吉福は、仏典に書かれている境地というのあくまで理想像であり、たとえ一度その境地に到達したとしても、日常に戻ればただの人。それを目指すのは意味がないし、ましてや人を意識の変容へ至らせるなど、余計な介入。なにもしないのがいちばんだという。

「いまもし世界が何かを必要としているとすれば、それは善意に基づくいかなる介入、意図、行為よりも『何もしない』ことに耐えながら、そのスペースにしっかりと座り続けることであろう」

作為的なことは「なにもしない」というのは吉福の一貫した姿勢だったが、このあとがきの言葉は作家・精神科医の帚木蓬生が二〇一七年に書いた『ネガティブ・ケイパビリティ　答えのない事態に耐える力』（朝日新聞出版）の内容を、そのまま先取りしているようである。

それでも岡野はあきらめなかった。九二年七月一二日には「宗教・霊性・意識の未来」と題したシンポジウムを企画。パネリストは吉福に加えて、宗教学者の鎌田東二（武蔵丘短期大学助教授）、島田裕巳（日本女子大学助教授）、島薗進（東京大学助教授）、岡野守也。オウム真理教や幸福の科学など、いわゆる新新宗教が世の中を騒がせていた当時、メディアで積極的に発言していた論客たちだ。司会は元『アーガマ』編集長の松澤正博（肩書はいずれも当時）。

「これからは原理的な宗教の時代は終わって、もっと普遍的な霊性＝スピリチュアリティというべきものの変革によって、未来が開けてくるはずだ。この分野で名の知られている論客たちが、大枠だけでいいから合意に達したら社会にもインパクトを与えられると思ったのだけど……」

ところが岡野の思いは今度も、シンポジウムが始まってすぐ、吉福の最初の発言によって打ち砕かれてしまう。以下はシンポジウムをまとめた『宗教・霊性・意識の未来』（春秋社）からの引用。

「ぼく自身がセラピーを長年やってきたものですから、そういったものに触れることが多いからかもしれませんけど、たとえば特定のセラピストのあいだでは人間のなかにはある共同体があるという。その共同体のことをわれわれは〈悲しみの共同体〉と呼ぶわけですけど、いかなる人間といえども、いかに社会的に強い姿勢を取ったり、いかに社会的に理性的な知的な立場にある方だとしても、ある特定の条件下に置かれれば、いかんともしがたい悲しみに包まれてしまうような側面が人間のなかにはある。その悲しみというのは、百パーセントとはいわないまでも、ほぼだれにも共通するそうとう普遍的な部分であって、その部分に触れることによって、数多くの人が日常的に体験する傷、苦しみのようなものをある程度癒やすことができる。おそらくそれがみなさんのおっしゃっている霊性あるいはスピリチュアリティと呼ばれるもののひとつの側面ではないか、というふうに思うんですね」

私は最初に〈悲しみの共同体〉という文字を目にした時、ずいぶん情緒的な表現だと思った。ところが吉福の存在を目の当たりにし、声を耳にしたパネリストたちは、心臓を鷲掴みにされてしまったようだ。

鎌田東二は「感動して聞いていたので、言葉が、出ません」、「ぼくは自分が新霊性運動のただ中にいる一人だと思っておりましたが、しかし、それほどうまくバランスが取れるような人間ではありません。むしろ、吉福さんのいう悲しみの共同体に浸ってきた人間だということにいま気づきました。悲しみの共同体という言葉がとても重く響きました」とコメント。

島薗進も「わたしもたいへん共鳴というか、吉福さんのおっしゃることがひじょうにわかるような気がいたしました。わたしがいったことで、宗教のなかで救いということがどうしてこんなに大きな意味を持ってきたんだろうということを、ある意味で補っていただいたというふうに自分勝手にとらえております」といったぐあい。

かつて『タオ自然学』をともに翻訳した島田裕巳にいたっては最初から「わたしはただ吉福グル

の発言を聞いて、きょうお会いしてまたたぶん当分お会いしないことになるんじゃないかと思うんですが、そのあとはその教えを生活の糧にしながらしばらく生きていきたいな（笑）と思っているわけです」といい、「このシンポジウムに参加し、吉福さんの発言を通して、自由の価値を改めて確認した。問題点が明確になり、これから自分がどう生きていけばいいのか、重要な示唆を得ることができた」（シンポジウムのあとで）と書くほどだ。

どうしたことか、気鋭の宗教学者たちがアイドルを前にしたファン、グルを前にした弟子のようなありさまなのだ。

ただひとり反発したのが松澤正博だ。「ニューエイジなるものが上陸してよりこのかた、私がつねに反発し続けてきたのは、じつはこのような表現であった。正確に言うと、このような言葉で『ひっかける』ような人や状況、このような言葉に『イカれる』人がとても嫌であり、もっとも嫌だったのはこのような言葉で日本の精神状況を『ひっかけ』たと思いこんでいる人の表情であった」（シンポジウムのあとで）と書くのだが、あとのまつり。

〈悲しみの共同体〉という表現の出処は、おそらく『無意識の探検』（ＴＢＳブリタニカ）所収のリタ・ローエンの言葉だ。

「わたしたちは全員、〈苦しみの同胞愛〉もしくは、〈苦しみの結社〉とも呼ぶべきものに属しています。ですから、たとえば呼吸法のような訓練法をとおして人々に触れると、そのレベルにおいては人はみな非常に似ています。また、そのレベルでは、人はお互いに結ばれています」

ホロトロピック・ブレスワークで生じる苦痛と一体感のことを、リタは〈苦しみの同胞愛〉と呼んだ。吉福はそれをさらに深めて、人間にとってもっとも普遍的で根源的な感情が〈悲しみ〉であり、〈悲しみ〉に触れることによって人は癒やされる、それこそが霊性＝スピリチュアリティの本質だという。存在のもっとも深いところから湧き出るような言葉に、パネリストをふくめ会場全体が圧倒されてしまったとしても無理はない。

だが、そこから先の話がしたかった岡野にとって、このシンポジウムはいまでも心残りのようだ。

「みんな個人的な意見にこだわりすぎだよね。オピニオンリーダーとして、これから日本の精神世界をどうカジ取りしていくのか。そういう自覚を持って、あそこで宗教から霊性へという大きな合意ができたら……。そう、いまはますます思うけどね」

岡野としては、人類の未来のためには心の変革と社会システムの変革が必要であり、それを人類共有のものとして作り上げていくべきとの思いがあった。そんな岡野に対して、「大げさな」、「かえって危ないよ」というのがバブル前後の時代の雰囲気だった。

「なんとなくこのままでいくと思ってたんだよね。宮台真司のいう〝終わりなき日常〟が続くという。ぼくはあのころから、日常は終わるよ。まったりなんかしてたら、わりと早めに終わるよっていってたけど、耳を傾ける人はいなかったね」

宗教団体オウム真理教による未曾有の惨事が起きるのは、この三年後のことである。

九三年七月、日本では四年ぶりの二泊三日のワークショップが伊豆の観音温泉（静岡県下田市）でひらかれた。私も途中参加したこのワークショップに、初日から参加したのが朝日新聞の出版部門にいた片山邦雄。翻訳パートナーの大島陽子も一緒だった。

九〇年代の初頭、友人に誘われて自己啓発セミナーに参加した片山は、高額な参加費や秘密めかしたセミナーの進め方、エンロールメント（勧誘）の強要にどうにも納得がいかなかった。そんなとき参考になればと読んでいたのが、吉福が訳したトランスパーソナル心理学の文献だった。今回は吉福と直に接することができる絶好の機会。だがワークショップの当日、吉福は投げやりで、気が乗らないように見えた。

「みなさん、よくもまあわざわざ集まってくれましたね」

「ぼくの実験台になるために」

「ぼく、やる気ないんだよね」

大広間に集まった五、六〇人の参加者を前にして、最初の二、三時間は〝漫談〟だったという。

ところがいざワークが始まってみれば、懸念はふっとんだ。ホロトロピック・ブレスワークはとてもていねいで、吉福のナレーションは悪魔的だった。痩せた中年女性が変性意識状態に入って、大の男数人をはねのけるのを見た。あちらでは昏睡状態に陥ってまったく反応を示さない女性に、吉福がずっと声をかけ続けている。

「おーい。いまどこだー？　聞こえるかー」

あとで聞けばその女性は（変性意識のなかで）イルカになって、海のなかをどこまでも泳いでいたという。大島陽子も、ブレスワークで印象に残る体験をしたようだ。

「空から島へ降りていくみたいな誘導瞑想で始まるんですが、吉福さんの声がいい声で。なんかポンと入っちゃって、たぶん立ち上がって飛び跳ねてましたね。アフリカへ行って、部族の人たちと踊っていた気がします。そのとき吉福さんが会場を歩き回ってるんですが、すごい度量っていうのかな。すごいエネルギーが高くて、〝だいじょうぶだから、ぜんぶ手放して、解放していいよ〟っていうオーラが出ていて。初めてああいうものに出会ったから、すごく印象的でしたね」

二日目の夜は、〈ペレのワーク〉。参加者を前にして吉福のインストラクションが始まる。

「ハワイ諸島でもっとも大きなハワイ島、現地でいうビッグ・アイランドにキラウエア火山という活火山があります。この火山はネイティブの神話では、ペレという女神であるといわれています」

「ペレは嫉妬深いことで有名です。怒ると火山を噴火させる激しい神様です。今日はみなさんにペレの怒りを鎮めるため、供物を捧げてもらいます」

それ以上の説明はなく、六、七人のグループになって話し合うように指示が出る。怒りを鎮める？　供物？　最初は戸惑っていた参加者たちが、アイディアを出し合い、ひとつのパフォーマンスを作り上げていく。

「〈ペレのワーク〉はつらかったですね。グループを組まされると、普段やってるのと同じで、不安に耐えられず、仕切りだしてる自分がいて」（大島）

夜は夜で酒を飲みながら、吉福は遅くまで質問に答えた。LSDの体験からフリーセックスまで、ひとつひとつの回答について詳細にメモをとる年配の参加者もいた。

三日目の朝は最後のワークだ。朝食が終わり、車座になった参加者の前に透明なビニール袋が配られた。

「これから〈吐くワーク〉というのをやります。吐くふりとか真似じゃなく、ほんとうに吐いていただいてだいじょうぶです。そのためにビニール袋を用意してあります。では、はじめてください」

飲みすぎて吐いてしまうことはあっても、白昼に、シラフで吐くというのは苦しい。何度くりかえしても唾液と少しの胃液が出るだけで、しまいには涙が出て来る。なぜこんなことをしなければならないのか？　あとで吉福に聞くと、ワーク中に喉元まで出かかっているものを抑えて、チョーキング現象を起こしている参加者がいた。それをすべて出しきらせるために、このワークを思いついたのだという。〈ペレのワーク〉も〈吐くワーク〉もその場で作り出したアドリブだった。

「〈吐くワーク〉、面白かったです。自分は吐くのが苦手っていうか、飲み込み型？　なにも考えないで受け入れちゃう。だから一旦飲み込んだものを吐き出して、選択したほうがいいというのに気づきましたね」

大島は初めて参加したワークショップで、多くの気づきがあったようだ。一方の片山は、東京へ帰るクルマのなかで、こんな体験をしている。

「クルマのなかでキース・ジャレットのトリオが流れていて。ふと深い悲しみにふれる体験があったんですね。〈悲しみの共同体〉ってこういうことなのかな、と思いましたね」


合宿のあと、岡山の実家で二日間のロング・インタビューをおこなったことは、まえがきに書いたとおり。かつては取材者が萎縮するほど威圧感があったという吉福も、自宅という気安さのためか、私が大学でサンスクリットを習っていて、しかもジャズファンだったためか、終始リラックスして話してくれた。

吉福はこのとき五〇歳。山水画に描かれた人物のような浮世離れした雰囲気で、中国禅の老師のように毒のあるユーモアを次々とくり出す。自分が日本に紹介したはずなのに「ニューエイジは軽薄」といい放ち、トランスパーソナルが目指す境地についても、次第に考えが変化していったことがうかがえる。私が特に聞きたかったのもこの部分だ。

――吉福さんはずっと、仏教の本を読んでいらっしゃいますよね。やはり、悟りたいと思っていたんですか。

「思ってましたね、一時期。いろいろな文献なんかを読んだり、偉い人に会いに行ったり。途中で全部あきらめましたけど。どこでどうなったのか、はっきりとはわからないんですが、ある時期から宗教的な世界に関しては、すごく辛辣になりましたね。出来上がってしまった人間っているでしょう。そういった人たちと会っていて、いらだちを覚えるんです。砂上の楼閣の上に座っているだけなのがよく見えるわけ。悟りのイメージってすごく心穏やかな、よくあるでしょ、そういうイメージが」

――ええ、〈悟った〉というイメージが。

「それに当てはまるような人がいるわけですよ。見てると人間味がないの。それ、嘘だって看破できるんだよね。ぼくはだいたい否定してましたね。仏教関係、インド関係のグルだとか、アメリカに来ていた日系仏教者だとか」

――クリシュナムルティもダメですか。

「もちろん、あこがれてましたよ、一時期。ただ彼は言葉とは逆に思考に束縛されているから、ニューエイジ、ヒッピーには評判悪いのよ。ドラッグは否定するわ、フリーセックスは否定する。ただ、こだわっているだけじゃないかって感じだったから。既存の制度とか、宗教をぶちこわすという講演なんかは人気ありましたよ。やっぱり、なかなかのすごい人ですよ。境地としては、非常に高い境地にいらっしゃるんだけど。だけど、境地が高いって何だという、ハハハ」

——でもそうなると、トランスパーソナル心理学の最終目標というか、ひとつの到達点とする、トランスパーソナルな人格というものは、実際にあるんですか？

「クリシュナムルティなんか、そういった側面をたくさん持っていたんじゃないですか。でも、そうじゃない側面もある。ほかにいっぱいいるじゃないですか。人生体験を経て、ある年齢を迎えた人の中に、トランスパーソナルとしか思えない人たちがいくらでもいますよ。そういう風に知られていないだけで。しっかりとした安心な境地を持った上で、自分ということをどこかで捨てて、いろんなネットワーク、人間関係の中に入りこんでいる方、数多くいますよ。特別なものでもなんでもないですよ」

——それだったら、すごくよくわかります。

「トランスパーソナルな境地というのは、人生をきちっと歩んでいれば、六〇歳、七〇歳になってくると、知らず知らずのうちに、身についてくる。人間の成長、発展の中に、自然に組み込まれているシステムなんです。うまくその人が成長していけば、死というものが射程距離に入ってくるころには、自然にトランスパーソナルなパーソナリティを獲得しているという見方ですね」

吉福もかつて、「ブッダの夢」を見た。修行、あるいはセラピーによって人は成長する、人は変われると思った。

だが、九三年の時点でだいぶ考えが変わっていたようだ。ノースショアで家族と向きあい、家事をこなしたことも影響したのだろう。〈悟り〉とはなにか特殊な体験ではなく、特別な修行などしなくても、日々をきちんと歩んできたからこそ得られる満足して落ち着いた心、周囲の人々とのつながり、環境との調和。それがトランスパーソナル＝個を超えることだと思うようになっていた。

そうはいいつつもインタビューのあと、東京三鷹でおこなわれワークショップ（C＋F研究所主催）は強烈だった。五、六〇人ほどの参加者の前に進み出た吉福は、体格のいい男性参加者を呼んだ。

「みなさん、見ていてくださいね。こうやるんですよ」

そういって男性の前に立つと、いきなり、

「どけーっ」

と叫んだのだ。会場全体が震え上がるような怒声だった。吉福が目をつりあげた表情も、歌舞伎役者が見えを切るようなポーズも、いまでも目に焼きついている。相手は一瞬凍りついたように固まっていたが、よろけるようにして道をあけた。一九八〇年代から続く、〈どけのワーク〉である。

やり方はこうだ。参加者は六人ずつ組みになる。一人が「どけ」といって通る役①、あとの五人は壁役として縦に並ぶ②。①は相手にふれる以外、叫ぼうが脅そうが、泣こうがわめこうが自由。どんな方法でもいいから、②の全員をどかせたらワークは終わり、選手交代である。②は、①の心の底からどいてほしいという気持ちが伝わるまで道をあけてはいけない。

簡単に聞こえるかもしれないが、実際にやってみるとこれはとてつもない難行だ。声が大きければいいというものでもない。最初は目をつりあげて「どけーっ」と叫んでいた者も、しだいに声が枯れ、涙声になって「どいてください」と嘆願するようになる。

壁になるほうもたいへんだ。ちょっとでも情けをかけようものなら吉福が飛んできて、

「妥協するな！」

と責めるのだ。これはいかに早く相手をどかせるかを競うゲームではなく、自分の中の深いところにある感情、怒りや悲しみといった情動にふれるワークである。極限状態のなかで、ふだんは気づかない、あるいは気づかないふりをしている感情に向き合うことで、なにかしら発見があればしめたものなのである。

一九九六年、精神科医・安藤治らの尽力によって「日本トランスパーソナル学会」がようやく発

足。五月二四日〜二六日の日程で、第1回会議がおこなわれた（静岡県下田市・南伊豆国民休暇村）。「境界を超える対話」と題し、河合隼雄、見田宗介、おおえまさのり、上野圭一、星川淳、岡野守也、鎌田東二、宮迫千鶴、上田紀行らが講演をおこない、ミュージシャンの喜多郎が和太鼓の演奏を、高橋実が舞踏を披露した。吉福は三日目の最後に登壇し、講演をおこなった。

学会には多くのジャーナリスト、記者、編集者が駆けつけた。日本の「精神世界」のオールスターが一堂に会するこの機会に、前年に起こったオウム真理教事件を考察するヒントを得ようと集まったのだ。

私もこの学会の知らせはもらっていたが、会場に足が向かなかった。私の場合はジャーナリストたちとは逆に、オウム真理教の事件ゆえ足が向かなかったのだ。

一九九五年三月、宗教団体オウム真理教の出家信者が地下鉄車内に猛毒サリンをまき、乗客や駅員ら一三人が死亡、六三〇〇人が被害を受けた。その後、教祖・麻原彰晃（本名・松本智津夫）をはじめ多くの信者が逮捕され、教団による過去の犯罪も次々にあきらかになった。一九八九年の坂本堤弁護士一家殺害事件、九四年の松本サリン事件などもふくめて死者は二九人、被害者は六五〇〇人にのぼる。

このとき精神世界、ニューエイジ、宗教界の態度はほぼ共通したものだった。

「うちはオウムとは違う」、「カルトではない」、「人を殺していない」、「グルへの服従など強いていない」、「洗脳していない」。

だが、自己をとことん問う、追求するという精神世界のあり方からすれば、これは矛盾していないだろうか？

麻原彰晃が「オウム神仙の会」をひらく前、阿含宗に入信していたことは知られている。七〇年代にはじまる「精神世界」、ニューエイジのブームのなかで、仏教（初期仏教からチベット仏教まで）、終末思想、超能力、瞑想、ヨーガ、サイコセラピー、幻覚剤まで、オウムは都合よく「いいとこ取り」をしている。ニューエイジが〝コンビニエントな宗教〟だとすれば、その究極がオウムだった。「精神世界」、ニューエイジの側から見れば、まさしく自分たちと同じルーツから生まれたもの。それがなぜこんなダークサイドに堕ちてしまったのか、なぜこのような悲惨な事件を生んでしまったのか、自分の問題として問う必要があったはずだ。だがこの学会において、自分たちの責任や存在意義を問う者は少数だったように見える。

吉福も例外ではない。九五年八月の『イマーゴ臨時増刊　オウム真理教の深層』（青土社）に「グルイズムとサイコテクノロジーの行方」と題した原稿を寄せているが、どこか他人事のようである。坂本弁護士一家が殺害されたのは八九年一一月四日未明のこと。吉福が日本を離れハワイへと向かったのは八九年一〇月二〇日で、その後は遠く離れたハワイにいたため実感が得られなかったのだろうか。

だが今回改めて、『境界を超える対話』（雲母書房）に収録された日本トランスパーソナル学会の立ち上げ時の吉福の講演を読み直したところ、まったく違う感想が浮かんできた。

ここで吉福は「トランスパーソナルとは……」といった高所からの話はしていない。ハワイでの日々の暮らし、思いがけない友人との再会など、徹底的にパーソナルな、個人的な視点から話を展開していく。そして唐突に、「倍音（オーバートーン）」の話をはじめる。ある音を楽器で鳴らすと、その周波数の整数倍の周波数の音が同時に含まれて鳴るという性質があり、それが和音となって耳に心地よく聞こえるのだという。

「個人にとってトランスパーソナルという意識、無意識の領域というものは、一種の倍音のような存在なのではないかと考えることができると思います。もし、倍音のもととなる『C（ド）』というパーソナリティ、個人、私というものがしっかりと音を出していなければ、上の倍音は良い共鳴をしません。ですから、いくらさまざまな倍音を体験したからといっても、その根の基音というものに立ち返って、しっかり耳を傾けない限り、上の音は浮草や根無し草のように非常に虚しい存在になってしまう」

超越的な境地を求め、現実から遊離しがちな人々に対して、もっと自分を大事にすること、地に足をつけて生きることを語りかける。日本トランスパーソナル学会の船出にふさわしい内容かどうかはわからないが、ここに吉福の真意があると思う。

吉福が日本にとどまっていればオウム真理教事件は起きなかった、などというつもりはない。だが、ニューエイジ、トランスパーソナルを日本に紹介した人物として語られる吉福は、若者たちがグル(教祖)にすべてをゆだね、自己を明け渡してしまうあり方に対して最初から警鐘をならしていたのだ。事件を知ったときは、なにをいまさらという気持ちだったかもしれない。あるいはかつて若者たちにいったように、「それは君たちの問題でしょ。頑張ってね」ということだったのかもしれない。

オウム真理教事件がきっかけで宗教、ヨーガ、瞑想、気功だけでなく、「精神世界」の分野は大きな打撃を受けた。「自己探求」や「自己成長」を目指すこと自体が、あぶない、胡散臭いものという見方が強まっていった。

日本トランスパーソナル学会ができた九〇年代は、大型書店にトランスパーソナル心理学の棚があった。だがやがて、そのスペースは小さくなっていく。吉福が翻訳・著述したトランスパーソナル関係の書籍は、現時点でほとんどが絶版。学会はなぜか「日本トランスパーソナル学会」(諸富祥彦会長)と「日本トランスパーソナル心理学/精神医学会」(石川勇一会長)の二つになって続いているが、一般の注目があるとはいえない状況である。

第4部

遊行期

第15章

伝説のセラピスト

古代インドでは男子の一生を四つの時期に分ける、四住期という考え方があった。学生期《がくしょうき》は師のもとで聖典を学ぶ時期。家住期《かじゅうき》は家業を継ぎ、妻をめとり、子どもを育てる時期。林住期《りんじゅうき》では家督を子どもに譲り、森のなかに居を構え、瞑想三昧に暮らす。最後の遊行期《ゆぎょうき》は家さえ捨て、あてもない放浪の旅に出るのである。

これを吉福伸逸の人生に当てはめれば、ボストンでジャズを学び、バークレーでサンスクリットを学んで三〇歳で帰国するまでが学生期。ニューエイジやニューサイエンスの思想潮流を日本に紹介し、トランスパーソナル心理学のワークショップをおこない、四〇代半ばでハワイに移住するまでが家住期。ハワイのノースショアでとサーフィンと畑仕事の日々を過ごしたころが林住期。

そして六〇歳を過ぎた二〇〇四年以降、ハワイと日本を行き来し、再び講演やワークショップをおこなうようになった時期を遊行期と呼びたい。

ハワイへの移住から数えれば、一五年ぶりの本格的な現場復帰。きっかけは天外伺朗との対談だった。

天外は本名、土井利忠。ソニーの技術者としてコンパクト・ディスク（CD）やロボット犬AIBOの開発にたずさわり、同社業務執行役員上席常務をつとめた。一方では天外伺朗（手塚治虫の漫画『奇子』の登場人物に由来）のペンネームで、ビジネスや自己啓発の本を多く書いている人物だ。

『心の時代を読み解く　二十一世紀に宗教は必要か』（飛鳥新社）所収の対談がおこなわれたのは二〇〇一年のこと。「マハーサマディ研究会」（のちホロトロピック・ネットワークと改名）を主宰していた天外は、かつて宗教が果たしていた役割をこれからはトランスパーソナル心理学が担っていくというシナリオを展開したかった。そのためにはどうしても、トランスパーソナルを日本に紹介した「伝説のセラピスト」との対談が必要だったのだ。

ところがいくら話を向けても相手はノッてこない。最初の対談は話が噛み合わず使い物にならなかった。もう一度対談をおこない、ようやく文章にしたものを送っても、待てど暮らせど校正は戻ってこない。しびれを切らした天外はハワイまで出向いていく。研究会を手伝っていた山崎佐弓も一緒だった。

「じゃあノースショアまでうかがって赤字を入れてもらおうと、みんなで押しかけて行ったんです。そうして吉福さんが校正に手を入れるのを待つんですが、お話ばっかりで作業が進まないわけ。そのとき三泊したけど、結局、原稿は完成しなかったのね」（山崎）

吉福にとってトランスパーソナル心理学は、すでに過去のものだったのか。だが吉福と実際に会って、その存在感と話の面白さ、深さに打たれた天外は、「伝説のセラピスト」がもう一度現場に戻ることを願う。ついには吉福を説得すべく、研究会の会員たちともう一度ハワイを訪ね、ワークショップを体験することにした。二〇〇三年六月のことである。

会場となったマウイ島マナレア・ガーデン・リトリートは、豊かな自然に囲まれたリゾート施設だ。参加した三〇人ほどのメンバーは観光気分でダンスなどの余興をアレンジしていた。ところがディナーを楽しんだあと、ワークショップが始まって一同は腰を抜かした。スタートは、列になった相手をひとりずつ退かせていく〈どけのワーク〉。予備知識もなく参加した面々には同情するしかない。

「私たちも頭の中が真っ白になっちゃって。マハーサマディ研究会のメンバーは、年配の方が多かったんです。奥さんやご主人を亡くされた方、ご自身が癌になって克服した方もいました。だか

[上]二〇〇三年六月、ハワイ・マウイ島マナレア・ガーデン・リトリートで吉福伸逸ひさびさのワークショップがおこなわれた。左から吉福、主催者の天外司朗、現ホロトロピック・ネットワーク事務局長の早川英子。
[下]〈進化のワーク〉の最中、参加者たちのあいだを歩く吉福。初めて体験するワークに参加者は戸惑ったが、しだいに熱中し、最後は大いに盛り上がったという。
Photos by Sayumi Yamazaki

らみなさん、衝撃だったと思います。ぐさりと胸を刺すようなことをいわれて泣きだしちゃう人もいたし、〝帰る〟っていう人が出るんじゃないかと思ったくらいです」（山崎）

吉福としては久々のワークショップで、参加者の多くが未体験者、高齢だったことに配慮したつもりだった。

「ぼく、こんなもんじゃないんだけどね」

そういいつつ、次々とワークを展開させていく。翌日は魚類から両生類、爬虫類、哺乳類へと動きを進化させる〈進化のワーク〉、簡易的なブレスワークで身体の緊張を解いていく〈バイオエナジェティックス〉。最終日は〈俳句のワーク〉。最初の五文字は自分のトラウマになっている言葉、次の七文字は逆の意味の言葉を選び、最後の五文字でそれを統合して俳句に詠み、ダンスで表現するのだ。最初はただびっくりしていた参加者もしだいに熱中し、最後には大いに盛り上がった。

「吉福さんってワークのときはきびしいけど、ほんとうに愛の深い方だから、みんな吉福さんのことを好きになっちゃったの。夜、満天の星空の下でみんなでプールに入って、水着を脱いですっぽんぽんになっちゃう会員さんもいて。それまでは、決められた枠組みの中で生きてきた人が多かったと思うんです。不幸なできごとがあっても淡々と、これからどう生きようかって。でも吉福さんの人間性を感じ取って、解放されちゃったんですね」（山崎）

結果的にワークショップは大好評。天外の要請を受けた吉福は、二〇〇四年から年一回の「医療従事者向け」のワークショップを、二〇〇五年以降は一般向けをふくめて年に二回、ワークショップをおこなうことになる。

天外自身も「長年の企業人生活でまとっていた重い鎧を少しずつ脱ぐことができ、人生が楽になった」（『吉福伸逸氏追悼号』日本トランスパーソナル学会*Newsletter*, vol.18, No. 4, 2013. 07）と書く一方で、ワークショップの最中に身体がまったく動かなくなったり、「包丁があったら吉福を殺してやる！」といきまく参加者もいた。あまりの激しさに退会していった会員も少なくなかったが、熱狂的なファンも生まれた。山崎佐弓はスタッフとしてそのすべてに出席し、ていねいに講演のテープを起こして会報に掲載した。

「ワークショップのなかで自信がついて、表情が生き生きとしてくる人をいっぱい見ました。すごいなあ、この力はなんなんだろうって思いましたね。私も師匠といえる人と初めて出会えたと思います。それまではずっと流されて生きてきたけれど、初めて人間として自分の存在を見つめることができるようになりました。いつもいわれたのは、今を生きる。その瞬間をちゃんと感じるっていうこと。勉強させられましたね」

九〇年代半ば以降、吉福は仕事らしい仕事はほとんどしていない。九六〜八年に雑誌『リラックス』でエッセイ「ノースショアの畑から」を連載（担当編集者は稲葉）、九九年に松岡正剛、中沢新一、見田宗介との対談集『流体感覚』（雲母書房）を、二〇〇一年に画家・エッセイストの宮迫千鶴との対談『楽園瞑想』（雲母書房）を出したくらいで、私が知る限りワークショップもおこなっていない。それが二〇〇四年以降、ワークショップを再開したのはなぜか？

個人的な事情としては、長男の然がプロサーファーとして活動をはじめ、次男の見も大学に進学、子育てが一段落したことが大きいだろう。だが「セラピーは自分のため」、「ぼくはぼくのためにやっている」という吉福のセオリーからすれば、もっと別の理由もあったのだろうと思われる。

八〇年代にテレビ番組『世界ふしぎ発見』（TBS系）のロケーション・プロデューサーとして世界中を旅したディスマー・ゆかりは、吉福と初めて会ったとき、そのしゃべりに迷いや揺れがまったくないことにびっくりした。それと同時に、表面的な静けさの背後にある、深く大きなうねりのようなものを感じたという。

「顔にも言葉にも出さないけど、もっと深いところで、バリ島の海のすごい流れみたいなものがあって、どんどん持っていかれる、そんな感じを受けましたね。彼の中にそのうねりがなかったら、日本に帰ってくることもなかったし、ワークショップもやらなかったと思う。9・11のあとに帰ることにしたっていうのは、それなんでしょうね」

二〇〇一年九月一一日に起きたアメリカ同時多発テロは、吉福に衝撃を与えた。このできごとの複雑な背景、人類史的な意味を考えることによって、「自分にも、まだ日本でやることがあるのではないか」と模索するようになったと、講演やインタビューでたびたび語っている。

一九八〇年代のセラピー、ワークショップは自己成長を求める者たちが対象だった。二〇〇〇年以降は、自分の後継者となるセラピストを育てたい、特に統合失調症のケアができる人材を育てたいという気持ちが芽生えていた。スタニスラフ・グロフと語りあったスピリチュアル・エマージェンス・ネットワーク（SEN）、精神的な混乱に陥った人々をサポートするネットワークを日本に定着させることは悲願であり、そのためにも対応できる医師、看護師、カウンセラー、セラピストを育てることが必要だった。

厳密にいえば統合失調症とスピリチュアル・エマージェンス（SE）は同じではないが、吉福のなかで区別はなかったようで、しばしば彼らに対して親近感を抱いていることを語っている。

なぜ統合失調症にこだわるのか？　医師の原田美佳子が聞いたところ、「統合失調症の症状のなかに、人類の次の道があるような気がする」と答えたという。

「私は心療内科の看板を出していたこともあるんですが、SEの症状が出た人に対して、メジャー・トランキライザー（抗精神病薬）を投与することしかできなかったんです。吉福さんのワークショップは統合失調症と診断された人が何人も来ていて、もう何十年も薬を飲み続けている人たちが確実に自分を取り戻していく。自分の感情を取り戻し、本来の自分と出会っていくのを見ていて、すごいなーって」（原田）

熊本大学医学部を卒業、肝臓がんの執刀医をしていた原田は、二〇〇〇年代にアンドルー・ワイル博士の元で統合医療を学んで帰国。高岡よし子に勧められて、「セラピスト養成講座」(メンタルマネジメント主催)に参加して驚いた。セラピストはかくあるべしという話もない。ワークショップでは統合失調症の患者も医師も、一般参加者もアシスタントも、やることは同じなのだ。

「吉福さんだとそれが不自然じゃないというか。私も医者の家に生まれて医者になり、なんとなく人生やっていけると思っていたのに、どこまでいっても自信がつかない、これでいいのかな?って迷いながら生きてきた。そういう意味では、病院通いまではしていないけど、私も立派なクライアントだったと思うんですよ」

二〇〇〇年代後半はアシスタントもつとめ、二〇〇七年からは鹿児島県指宿市のメディポリス医学研究財団付属医院の院長となり、吉福のワークショップを何度も主催している。

「吉福さんが話していたのは、自分がどういう存在としてクライアントのそばにいるか。それだけなんだって。テクニックとかじゃなくて、そういうことを教わった気がします」

ディスマーと原田の話から推測するに、吉福は統合失調症の人々にもう一度「ブッダの夢」を見たかったのではないか。精神の一時的な混乱に陥った人々がそこを通り抜けたとき、どんな意識の進化を遂げるのか。9・11後の世界を人類が生き抜くための希望を、そこに見たのではないか。

そうはいっても、ただ「そばにいる」だけで統合失調症がよくなるものだろうか？

「ハートコンシェルジュ」（渋谷区恵比寿）のカウンセラー向後善之は、フィンランドで生まれた「オープン・ダイアローグ」との類似を指摘する。患者と家族、医師、看護師、セラピストなどが同じ場所に集い、対話《ダイアローグ》することで、統合失調症やうつ病、引きこもりなどの治療に成果をあげ、ここ数年日本でも注目されている心理療法だ。『オープン・ダイアローグ』（斎藤環著・訳　医学書院）によると、フィンランドの西ラップランド地方においてこの療法を受けた統合失調症の患者は、二年後の調査で八二パーセントは症状の再発がないか、ごく軽微なものにとどまったという。

「ぼくがアメリカから帰国した当時、日本の精神科の常識としては、統合失調症は治らない、ましてや会話で治るわけがない、非常識なことをいうなっていわれていたんです。同意してくれたのは吉福さんだけでしたね。吉福さんは〝一〇〇パーセント治る〟って。ぼくは、〝治る人もいる〟くらい。常識的なこととしかいわなかったけど（笑）」（向後）

二〇〇五年、天外伺朗が主催するワークショップと並行して、「セラピスト養成講座」がスタート。そこに講師として参加したのが向後善之。横浜国立大学在学中から心理学に興味を持ち、トランスパーソナル関係の本も読破していた。卒業後、三菱石油水島製油所でエンジニアとして働いていたが、四〇歳で一念発起。会社を辞めてサンフランシスコのＣＩＩＳでカウンセリングを学び、帰国したばかりだった。

「吉福さんが翻訳した本はほとんど読んでいたし、どんな人なんだろう、三つ揃いを着た精神科医のフロイトみたいな人が出てくるのかと思ってたら」

会場へ向かう途中で売店の前を通りかかると、ボーダーのTシャツにキャップをかぶったおじさんが、さかんに売り子に話しかけている。おかしな人がいるなあと思って通り過ぎたのだが……。

「こちら、吉福さんです」

紹介された相手に唖然となった。さっき売店ですれ違った、へんなおじさんではないか。

「やあやあ、あなたが向後さん！」

差し出された手を握ったとき、向後はすっかり吉福の世界に引き込まれていた。

「吉福さん、午前中はずっとあれやこれやの話をして、その話が面白かったんだよね。とにかく知識が豊富で話がうまいから。そのあとは〈どけのワーク〉や〈無条件の愛のワーク〉、そのほかいろいろなワークをやったかな。ものすごく面白かったですね」

CIISでグロフ本人によるホロトロピック・ブレスワークを受けていた向後も、初めて体験した〈どけのワーク〉にはびっくりしたようだ。

「本当にね、頭の中がシャッフルされるような体験でした。でも、これこそぼくに足りないものだって思いましたね。ぼく自身いわゆるいい人というか、ついなんでも引き受けちゃって、年に一回くらい爆発するってパターンがあったの。吉福さんに同じことくり返してるよねっていわれて、必要なときは本気で怒れるようになりましたね」

柔和で笑みを絶やさない向後とハードなワークは意外な取り合わせだが、この出会いで共鳴した向後は、吉福が設立したSEN Japan（のちにTEN Japan）を引き継ぎ、二〇〇六年からは毎年二回のワークショップを主催。現在は日本トランスパーソナル学会の事務局長もつとめる。

吉福帰国の噂は、かつての仲間たちのあいだにも広まった。いちはやく聞きつけたのがミュージシャンで武術家、セラピストの新海正彦。七〇年代のサンスクリット講座に出ていたひとりで、吉福とは二五年ぶりの再会だった。新海はこのときからほぼ休みなくワークショップに参加。後半はアシスタントをつとめることになる。

「ぼくは、なにをやるにせよ本格的なことをやりたかったんです。人間の根底にある衝動にふれるようなことを。途中で吉福さんにセラピストになりたいっていったら、〝じゃあ、これからは対応を変えるからよろしく〟って。なにが変わったかというと、無理難題をいわれることがさらに増えたという（笑）。でも、そうしたらまた面白いわけですよ。統合失調症の人と対するときの、自分をごまかさない真剣勝負な感じ。そこに、武術をやってるときの本気度、音楽をやってるときと同じ質の高さを感じたんですね」

七〇年代から吉福を知る者として、吉福のワークショップにどんな変化を感じるだろうか？

「以前やってたのはホロトロピックとかゲシュタルトとか、セラピーの枠組みがあったと思うんです。そこからだんだんシンプルになっていって、一回全部外して、ぼくたちが呼んでる〈吉福ワーク〉になっていった。完全に枠がなくて、実存的なものになっていったんですね。やりながら作っていったんですよ、自分で」

もっと自由で創造的、即興的でダイナミックな、〈吉福ワーク〉としかいいようのないものが誕生するのである。ここで代表的なワークをいくつか見ていこう。


〈どけのワーク〉

九三年に私が体験したものののバリエーションで、三人一組でおこなう。ワークをおこなう者①は目の前の椅子に座った相手②を、身体的接触以外のあらゆる手段を使って、椅子からどかせたら終わり。選手交代となる。残ったひとり③はオブザーバーだ。②は①の、心の底からどいてほしい、と思う気持ちが伝わるまでどいてはいけない。③は、①と②が中途半端なところで妥協していないか見守る役。


〈無条件の愛のワーク〉

三人一組でおこなう。〝無条件の愛〟を与える役①と、愛を受けとる役②が向かい合って座る。①は言葉を一切発することなく、相手に〝無条件の愛〟を伝える。②は、相手の愛が伝わったと心の底から思えたときに①をハグする。③は、①と②が中途半端に妥協していないかを判断する。

「これは〈どけのワーク〉と一緒にやることが多かったですね。二時間くらいやっているとある瞬間、インター・サブジェクティビティ（間主観的）という、主観が行ったり来たりする感じになってくるんです。これはオブザーバーが大事で、つい妥協しちゃうと、吉福さんが飛んできて〝また同じことをするのか〟とか、嫌なことをいうわけです」（向後）

〈駄々のワーク〉

子ども役と両親役、三人一組でおこなう。真ん中に菓子を置いて、子ども役は「これ欲しい！」と駄々をこねる。ほんとうに欲しいという気持ちが両親役に通じたら、菓子をとっていい。

〈嫌いな人と組むワーク〉

ふたり一組でおこなう。まずその場にいるメンバーのなかから直感的に嫌いだと思う人とペアを組み、どんなところが嫌いか相手に伝える。

「ひそひそ話じゃなくて、できれば大きな声でやってもらう。当然、だんだん興奮してくるじゃないですか。むこうから〝そういうところが嫌いなんだよ！〟って声が聞こえてきたりすると、だんだん自分の中で不安定になってくる、そうすると〝馬脚をあらわす〟っていうとおり、あとは勝手にプロセスが進んでいくんです」（新海）

文章では伝わりにくいと思うし、一体なんのためにこんなことをするのか？　疑問もあるだろう。問題は、あくまでも本人がなにを感じるか、なにに気づくか。禅の公案は坐して向き合うものだが、その動的バージョン、「動的公案」とでもいおうか。参加者は無理難題を押しつけられ、それに向き合ううちに、眼の前に崖があらわれる。そこでえいやっ！　と飛べるかどうか。自分の枠組みをはずせるかどうかが問われるのである。

「向かい合って、相手の愛を心の底から感じられたらハグする。簡単そうに思えるけど、自分の心の底まで探っていくと、考えてもいなかったところにいくわけですよ。感情が動いて、たまらなくなって、体が崩れるように相手を抱きしめてしまう。そういうのが、自分の内面からできるようなシステムを作ったんですね」（新海）

頭で考えようとする人にはなかなか理解できない。あるいは、頭で理解してしまったら成り立たない。

「まあ、説明されても理解できないだろうし、やらないとね。やればわかります。頭で考えている人はなんにも起こらなくて、みんなが数時間で終わっていくのに、自分はそのまんま。そのうちもうたまらなくなって馬脚をあらわしはじめて、そこへまた当意即妙に吉福さんが〝なに考えてんだよ〟と。反発して〝考えなきゃできないじゃないですか〟とかいいだしたらもう、思う壺で」(新海)

〈吉福ワーク〉には、スイッチを入れることによって浮上してくるさまざまな問題を、プロセスをきちんと完了させることによって解消する、というメカニズムがある。

内容が事前に知らされることはなく、すべては現場でアドリブ的にはじまる。吉福は参加者の中で、誰にフォーカスを当てればプロセスがはじまるか、見極めるのが天才的にうまかったという。

自己紹介の途中で、いきなりワークがはじまることもあった。

「参加者が自己紹介をしているとき、吉福さんが〝それでキミはまだお母さんのおっぱい吸ってるのかい?〟っていいだしたんです。そこからプロセスがはじまって大騒ぎになっちゃって、実はその参加者が母親との関係で問題を抱えていたことがわかった……なんてこともありました」(向後)

ワークショップ、セラピーといわずに、〝セッション〟と呼ぶのも独特だった。

「会場で怒号が飛び交ったり、泣きわめいたり、阿鼻叫喚のなか、ふと吉福さんを見たら、指でリズムをとってるんです。拍子をとりながらやってきて〝新海さん、どうする? もうワン・セッションいく?〟みたいな。場所が違ったら、スタジオで話してるみたいだよね」(新海)

禅の公案に「隻手の声」というものがある。両手を叩けばパンッという音がする。では片手の音はどんな音？　という問いである。ジャズを止めて以来、生涯ベースを手にすることはなかった吉福にとって、ワークショップは楽器を持たずに演奏する音楽、「隻手の声」のようなものだったかもしれない。

このころ吉福がよく口にしていた言葉に、「道場に座る」というものがある。剣士が道場に座るように、セラピストはハラを決めて、落ち着いてなおかつ張りつめた気持ちでいる必要がある。吉福はその言葉どおり、何が起こっても平常心、普段と変わらない態度だった。

「あるとき、参加者の女性が突然バターンと倒れてしまったことがあるんです。ぼくは主催者だったからびっくりして、どうしよう！　わーって行ったら、吉福さんはぜんぜん、普通にしてるんですよ。ぼくなんかが声をかけても反応しないのに、吉福さんがしずかに手をあてて、小声で話していくうちに顔に生気が戻ってきて、すぐ回復しましたね。悔しかったなあ（笑）。でもほんと勉強になりましたね。ああ、こうするんだって。呼吸も乱れてないんですよ」（向後善之）

二〇〇〇年代にはトランスパーソナル心理学の理論や技法、用語を使うことはほとんどなかった。向後がトランスパーソナル学会で講演を頼んでも「ん？　なに学会だって？」といった態度で、ホロトロピック・ブレスワークを行うこともなかった。それでも、心理学者フランシス・ヴォーンが提唱した「コンテキスト／プロセス／コンテンツ」という考え方は重視していた。

コンテキストとは文脈の意味だが、ここではセラピーがおこなわれる場の雰囲気、セラピストの経験や価値観、世界観も含まれる。このコンテキストさえ提供すれば、クライアントの中で自然にプロセスがはじまり、コンテンツ（内容）はクライアント自身が埋めていく、というのが吉福の考えだった。

「過剰介入はいけない、過少介入もいけない。その拮抗するところを見極めてプラスアルファの力を加えていくと、プロセスがはじまる。ゲシュタルト心理学でいう、〈拡大〉〈強調〉〈促進〉ということで動いてくる。そうしたらあとはほっておけば、プロセスがいいところに連れていってくれるんです。吉福さんも試行錯誤していて、どのくらい介入すればいいのか、見ていて非常に丁寧だったですね。ぼくも含めて勘違いしてるのは、つい強くやってしまう」（向後）

ここでいうコンテキストと似たような意味だろうか、同じく二〇〇〇年代後半にアシスタントをつとめたディスマー・ゆかりは、吉福が提供した〝場〟について話す。

「この前、京都で国宝の菩薩像を見たんですが、仏像の前に立つと確実に伝わってくるものがあるでしょう。そこに実際に行くことができれば、一〇〇〇年前、平安時代に作られたマインドセットが再現される。それと同じで、吉福さんはある〝場〟を提供するということに関して、ものすごい掘り下げ方をしていたんだと思う。だから何年前のことであっても、自分の中に共鳴する場としてありつづけていて、いつでもそれと同調することができる。そういう意味では、時間という制限を超えた共鳴場を作ったのかなと思いますね」

〈吉福ワーク〉は、吉福という人間の集大成だった。ドン・ファンがカスタネダに課した修行にも似ているし、〈嫌いな人と組むワーク〉などグルジェフ・ワークそのものだ。

「成長」や「進化」という言葉を使うことは、あまりなかった。ではワークはなんのためにやっていたのか？　人間の深いところにある本来の衝動に触れること、生きている実感を得ること。吉福本人がそれに触れ、感じたかった。

「ぼくはぼくのためにやっている」という原則は変わらなかった。

第16章

最後の講義

二〇一〇年の四月一九、二〇、二六、二七日の四日間、東京都中央区の豊洲シエルタワー会議室で、吉福伸逸の連続講義がおこなわれた。冒頭、いきなりホワイトボードを使って説明をはじめた吉福を見て、参加者はざわついた。

「どうしたんですか、吉福さん!?」

スマホで写真を撮る者もいた。みなが驚くのも当然だった。それまで吉福はワークショップの現場において、アシスタントに個別にダメ出しやサジェスチョンを与えることはあっても、基本は「見ればわかるだろ?」という態度で、セラピーの理論について系統立てて説明することはなかったからだ。

このとき語られたのが、人間を突き動かす「四つの力」である。

パワー・オブ・ブレイン（頭脳、思考の力）
パワー・オブ・エモーション（感情、情動の力）
パワー・オブ・ビーイング（存在の力）
パワー・オブ・ダンス（関係性の力）

一対一のセラピーでも、あるいはグループのワークでも、セラピストはこの「四つの力」を意識することが大切である。「四つの力」はそれぞれ「前景と背景」の関係にあり、たとえば「思考」の背後には「感情」があり、「思考」は常に「感情」に影響を受ける。さらに、「思考」のエネルギーとなるのは「知識と情報」、「情動」のエネルギーは「印象」、「存在」のエネルギーは「アイデンティティの破綻」、「関係性」のエネルギーは「別れ」である。

正直、唐突な感は否めない。参加者の多くは吉福がなにをいっているのか理解できなかったし、テープ起こしを読んでも、最初はpower of becomingといっていたのを途中でpower of danceといい換えるなど、本人の中でも混乱があったことが伝わってくる。

この連続講義こそ、吉福が私に電話で話した「最後の講義」だった。それまでワークショップの場において、理論的な説明や体系的なインストラクションをしてこなかった吉福が、なぜレクチャーという形で語ろうとしたのか。

このとき吉福は六七歳。九〇年代から「ぼくはもう長くない」などと話していたが、自分の体調がさらに悪化しつつあり、残された時間がもうあまりないことに気づいていたのだろうか。

あるいは、年下の友人がワークショップの最中に亡くなったことも影響したのかもしれない。

二〇〇七年四月、長野県安曇野市の穂高養生園で二泊三日のワークショップがおこなわれた。このとき参加したのが、雑誌で編集、ライターの仕事をしていた佐方《さかた》薄伽梵《ばかぼん》。末期がんの手術をしてまだ一週間たっていなかったが、病院で死を待つより吉福に会いたい、一緒に過ごしたいと直訴したのだ。

「退院するなら、命の保証はできませんよ」

医師から告げられ、病院の責任は問わない旨の書類を書いての参加だった。ストレッチャーに乗せられて会場に到着した佐方を見て参加者たちは驚いたが、吉福はいつもとまったく同じ態度で、変わらなかったという。

「もちろん佐方さんのことをすごく気にかけて、〝だいじょうぶかい〟っていたわっていたけれど、ワークショップではふだんとまったく一緒。吉福さんは誰がいても、なにがあっても変わらなかっ

たと思う」（原田美佳子）

参加者したひとり、落合拓人によれば、スタートは呼吸のワークだった。

「ホロトロピックじゃなくてライヒ系の、音楽はかけずに三〇分くらい休みなく呼吸するのをやっていましたね。音楽を使って意識を深めていくこともできるけど、音楽を使って逃げも打てる。だから音楽は使わないんだって吉福さんはいってました。そのとき俺、お腹が苦しくて、吉福さんがお腹を押してくれたんだけど、その手がものすごくあったかくて、というか熱くて。いまでも憶えてますよ」

佐方は部屋の隅から、ワークショップの様子を見ていた。さすがに途中、会場がおもくるしい雰囲気につつまれることもあったが、吉福はしんみりした話をするでもなく、かえって笑いに変えてしまったという。

「ぼくも遠くない時期に追っていくから、ちょっとだけ先に行って待っててね」

佐方の容態が急変し、救急車が呼ばれたのは二日目の夜。そして次の日、病院から急を告げる知らせがきた。

「みなさん、ワークショップの途中で申し訳ないけど、ぼくは行かせてもらいます。これが彼とのお別れになるだろうから。あとはみんなでやっててね」

吉福に手を握られ、佐方が息を引き取ったのはその日の夜だった。

「ワークショップが終わったあと、穂高養生園の福田俊作さんが来年も同じメンバーでワークショップやろうって。俺、薄伽梵さんの弟さんとパートナー組みましたもん。いままでワークショップなんて出たことなかった人だから、兄はこんなことやっていたんですねってびっくりしてましたね」（落合）

「二〇〇八年ですね。私も参加しました。吉福さんって最後のほうはほとんどお酒を飲まなかったんですが、ワークショップのあとで佐方さんのことみんなで語ろうって、お酒をちょっと召し上がっていたのが印象的でしたね」（原田）

吉福の関心は死へと向かっていた。だんだんと、死に関するワークが増えていく。交代で死と看取りを体験する〈葬式のワーク〉、顔の筋肉の力をすべて抜いて、死体になりきる〈デスマスクのワーク〉、『チベットの死者の書』の世界をナレーションとピアノで旅する〈バルドのワーク〉。

きわめつけは〈コーマワーク〉だ。プロセス指向心理学のアーノルド・ミンデル（1940−）が考案した、昏睡状態の相手とコミュニケートするワークである。〈コーマワーク〉は二〇〇七年と〇八年に合計三回、宮城県角田市の仙南病院でおこなわれている。同病院の理事長（当時は院長）本多正久によれば、クライアントは事故で頭部挫傷を負い、意識不明に陥った女性。脳の高次機能障害で、家族が問いかけても、身体を動かすことも話すことも、一切の意思表示もできない状態だった。

吉福はまず二時間ほどかけて家族にインタビューをおこなった。患者のそれまでのライフ・ストーリー、パーソナリティ、クセや話し方、家の間取りや好んでいた場所、好きな食べ物や趣味などを細かく聞きとっていく。次に患者のベッドへ行き、患者に寄りそって、ささやくような小さな声で話しかける。

「あなたはいま自宅にいます。いつもの居間に座っています」

「よく晴れた日で、窓から庭が見えます。あなたの大好きな猫が膝の上にいます……」

声をかけながら患者の身体に手をあてがい、ふれるかふれないかの距離を保ちながら繊細なタッチで動かしていく。相手の胸の動きを注視しつつ、呼吸のリズムをシンクロナイズさせていく。

「あなたはいま、美味しいステーキを食べています」

話しかけると、患者の口がもぐもぐと動いた。本多はびっくりした。それまではなにをしても一切反応しなかった患者が、まるで実際に食事をしているように口を動かし、よだれまで出てきたのだ。さらに、固く閉じたこぶしをさすりながら、

「ひらいてごらん」。

声をかけると、患者の手が動いた。リハビリの理学療法士が力づくで試しても閉じたままだった手が、ゆっくりとひらいたのだ。それ以降は、家族や本多が同じ手順で話しかければ、反応が帰ってくるようになったという。

「どうやっても反応にたどりつかなかったのに、やっと答えが帰ってきた。家族の方も、終わったあとはすごく喜んでいました。その後は別の施設に行ってしまいましたけど、退院するときはすごくよくしてもらったって感謝されましたね」（本多）

「吉福さんにいちばん教わったのは、亡くなっていく患者さんにとって〝死は最高の癒しである〟ということ。これは何度も何度も聞きましたね。私も肝臓がんの執刀医をしていたころは病気を治すことに真剣でしたが、今は死ぬことが悪いとは思っていない。私は無神論者だけど、人はいつか、決められたタイミングで死ぬんだって思っています」

と原田美佳子。現在は統合医療の第一人者、帯津良一が名誉院長をつとめる帯津三敬病院（埼玉県川越市）で終末期医療にたずさわる。

「吉福さんにはほんとうに感謝しているし、あの人がいなかったら私の人生はそうとう違ったものになっていたと思います。いまは患者さんが亡くなるときに、しっかり地に足をつけて、すべてを明け渡せるようお手伝いができたらいいと思っています。どんなに頑張っても治せない病気はあります。でも頑張っても頑張らなくても、亡くなる瞬間に〝明け渡し〟のときはくるんですよね。それはすごいことだと思っています。もっと前から明け渡せると、プロセスが豊かなものになるという気がしますけどね」

「死は最高の癒しである」とはどういうことか？　原田が語ったのとほぼ同じ話を、私は一九九三年のインタビューで聞いている。

――ひとりの人間のなかで生まれて死ぬというプロセスがあるとしたら、癒しというのは病気を治すということではなくなりますね。

「死はね、〝究極の癒し〟だと思います。臨死体験の記録を読んだり、それに類することを自分でも体験したりということを背景に考えていきますとね、死のプロセスのなかで、それまで十全でなかったものを埋め尽くして、過剰だったものは削ぎ落として、自分自身を究極的に受け入れると思うんです。徹底的な自己受容。それが起こらない限り、人は死なないと思うんです。たとえば心残りでたまらなくて死んだとか。そういうとき霊魂が浮かばれないとかいうけれど、ぼくはそうじゃないと思う。どういう形であっても、その人が自己の人生を受け入れないかぎり、人は死なないと思う」

――うーん、そのへんは吉福さんの直観？

「体験がありますよね。自分に強い自殺衝動があってね、実際に睡眠薬を飲んで死のうとしていたときの体験、そのあとで何度か体験したLSDなんかの体験を通して、ここで死ぬということは、すべてが解消される、と実感しましたけどね」

ボストンでジャズを止めたとき以来、吉福には死に対する親和性、死に惹かれていく性向があった。「死は最高の癒しである」とは、みずからの自殺衝動と擬似的な死の体験のなかで得た、生々しく強烈な実感だったようだ。

だが終末期医療の現場にいる原田の言葉を聞けば、死を受け入れるということは、残された生をよりよく生きることだとわかる。「死は癒しである」とは断じて自殺のススメなどではなく、いまを最大限に生きるための、励ましの言葉なのだ。

二〇一一年三月一一日、東日本大震災が発生。関東から東北地方にかけての広い地域を地震と津波が襲った。死者行方不明者あわせて一万八〇〇〇人という甚大な被害に、吉福は心を傷めた。

ほぼ一年後の二〇一二年四月一三日、南三陸ホテル観洋（宮城県本吉郡南三陸町）で二泊三日のワークショップがおこわれた（TEN主催）。被災者は参加費を無料とし、三〇人ほどが集まった。

「このときは基本的に被災者の方の話を聞いてましたね。会場には来たけれどずっと部屋にこもっている人もいて、そういう人に対して吉福さんは、〝無理して出てくる必要はないですよ〟って。でもそのうちみんなが次々に出てきて、思いをしゃべってくれたんですね」（新海）

「〈無条件の愛のワーク〉、それから〈駄々のワーク〉をやりました。吉福さんの考えは、すべての感情はひとつのところから出ているというもので、ほんとうの感情が出てきたらすべてがつながっ

ていく。被災者の方たちはみんな、ほんとうの気持ちをいってはいけないんじゃないかと縮こまってたんですね。」（向後）

東北の人特有の我慢強さか、被災者たちは感情をあらわに出すのは良くないことだと思っていた。だが〈駄々のワーク〉で心の底にあるほんとうの思いを表現し、それが受け入れられることによって、最後には表情が変わってきたという。

「〈村のワーク〉もやりました。二つの村にわかれて、それぞれ村長、若者、老人、と役目をつくって、御神体を奪いあう。要するにお祭りですよね。お祭りのパワーで、ぎゅーっと固くなっている心身を解放するんです」（向後）

このとき吉福は久しぶりに岩手県一関市のジャズ喫茶「ベイシー」に立ち寄り、早稲田大学ハイソサエティ・オーケストラの後輩、菅原正二と会っている（カウンセラーの新倉佳久子によれば吉福が「どうしても行きたい」と何度もいったらしい）。

「そういえば吉福さん、震災のあと寄ったんだ。南三陸のホテル観洋って、高台にあったから被災しなかったの。そこで講演会やるって。なにしゃべるの？　って聞いたら、俺はいるだけでいいんだっていってたけどね」

菅原は、吉福がすこし丸くなったように感じたという。

「ハイソで吉福さんの同期だった中島正弘さんが晩年はこっちに住んでて、俺、病院に連れて行ったりしてたの。結局亡くなっちゃったんだけど、そのことを、〝中島の面倒みてくれてありがとうね〟って。吉福さんにお礼いわれたのは、アメリカ留学のときと、このときだけだね。最後だけはちょこっと違ってた。今にして思えば終始穏やかで、すごくやさしくなってたね。昔のように人をいびったりというのがなくなって、柔和な感じ。少し変わったなとは思ったんだけど」

吉福伸逸最後のワークショップ（TEN主催）が行われたのは、二〇一二年一〇月一九～二一日。場所は南伊豆の国民休暇村だ。ワークショップのあと吉福は、心身ともに疲れ切った様子だったという。

このワークショップの帰り道、吉福は久しぶりに伊東に住む上野圭一を訪ねている。

「吉福さんってそんなにまめに人を訪ねるような人じゃないから不思議なんですけど、ぼくの家に来たんですよ。うちでカミさんが作った飯を食ったり、非常に楽しく過ごして。帰りに駅までクルマで送ったら、降りるときに握手して、〝上野さん、また会おうね、絶対会おうね〟って。そんなことといったことない人がね。それで気になってたんだけど、まもなく訃報があったんで非常に驚いたんです。知ってか知らずか、別れをいいに来たのかなって」

吉福は自分の体調が悪いことに気づいていたが、病院で検査することはなかった。ワークショップの参加者に医者はたくさんいたのに、自分が医者に行くのは嫌いだったのだ。

長男の然に説得されてクリニックを受診したのは二〇一三年三月末。末期の肝臓がんで、すでに手の施しようがない状態だった。

亡くなるのはそれから一か月後の四月二九日午後五時頃（日本時間三〇日正午頃）。享年六九歳だった。

エピローグ

海へ帰るボーディサットヴァ

ティム・マクリーンの話　二〇一二年の秋に吉福さんと会ったとき、ちょっと顔がむくんで調子が悪そうでした。末期の肝臓がんだとわかったのは二〇一三年三月の終わりです。よく覚えてますよ。本人から電話がきたんです。もう、あとがないって。よし子は泣いてましたね。それですぐハワイに行ったんです。

高岡よし子の話　ハワイに行ったのは四月の半ばです。家族にとっては大切な最後の時間だから、私も少しはお役に立てばとお味噌汁とか作ったけど、ハワイのお水だとなかなか味が決まらなくて。吉福さんごめんなさい。一緒にいると悲しくて、何もできないのがつらかったけど、そんなのは本人の助けにならないのね。末期だからといって、死ぬために生きてるわけじゃないんだから。ベランダから寝室の吉福さんに手をふると、吉福さんも笑顔で返してくれて、そういうあり方のほうがいいんだなって。吉福さんの寝室は窓から豊かな自然が見えて、最後の時間を過ごすのにいい環境だと思いました。

向後善之の話　吉福さんとは一三年の五月に福島でワークショップをやる予定だったんです。でも四月に電話がかかってきて、「行けなくなっちゃってごめんね」って。そのとき余命三週間っていわれたのかな？　でも信じられなかったから、三か月って思っちゃったの。それで五月の最初に飛行機をとったんだけど、間に合わなかったんだよね。ひどいの、あの人。成長という言葉が大っ嫌いで、最後の電話でも「向後さんも大きく変化したね」って。最後くらい、成長したねっていってくれてもいいのに（笑）。電話があった直後はどうしようもない気持ちになったんだけど、吉福さんから学んだことを自分なりに整理したいと思ってフェイスブックに書きはじめたの。それをまとめたのが『吉福伸逸の言葉』（コスモス・ライブラリー）です。

山崎佐弓の話　二〇一三年四月に、ホロトロピック・ネットワークの講演会を予定していたんです。そうしたら吉福さんから電話があって、「ぼく行けなくなっちゃった。約束してたのに、ごめんねー」って。びっくりして「なぜ?」って聞いたら、「ぼく死んじゃうんだよ」。「そんなこといわないで。吉福さん、会いたい」、「だったら、来ればいいじゃん」って(笑)。吉福さんとはほとんど話せなかったけど、「こんなに腫れちゃったんだよ」ってお腹を見せてくれました。薬と痛みで朦朧としていた時間もあったけど、ちょっとよくなると起き上がっていらして。人間が好きだったのね。自分のお部屋から見る眺めを気に入ってらしたのを憶えています。

田中三彦の話　三月の末くらい、講演でドイツに行く直前に吉福さんから電話があって、肝臓がんでもうだめだって、平然としていうわけ。「会いたいから、来てくんない」って。あわてて予定を切り上げて、ドイツから羽田に戻ってそのままハワイアン航空で行ったのが四月二日かな。吉福さんが横になってて、「死ぬってどういうことかね」って聞いたら、「死ぬ恐怖はない。問題は二つ。ひとつは痛み、もうひとつは仲のいい人たちと会えなくなるさみしさ。それだけ」だって。ドクターが痛み止めのドラッグを数滴口に落としてくれるのね。ぼくの母親もガンで死んだけど、ホスピスに入って痛み止めやって、最後はいってることが支離滅裂だったの。それが吉福さんはぜんぜん無いのね。ふつうに話してる。彼は日常の世界と非日常の世界を行ったり来たりできるんだろうね。あれはびっくりしちゃう。帰り際に、また夏来るから頑張ってっていったら、「田中さん、それはないよ、これが最後だよ」。そうはいっても、夏まで持ちそうだなって思ったんだけど。

新海正彦の話　ネイティブ・アメリカンの太鼓、あれ吉福さんがくれたんですよ。なにかのワークショップのときにスーフィーの太鼓を叩いたら感動したって、送ってきてくれたの。ハワイに持っていったら、「新海さん、森の精霊呼び出してよ」なんて柄にもないこといって。ホテルを取ってたんだけど、うちに泊まれって、手作りの書斎に五日間泊めてもらったのかな。行った時はすごく具合悪そうで。足がむくんじゃって、マッサージをやってあげてたんですね。でもぼくがいるあいだは回復傾向だったのか、まだまだ先かなって思ったの。ぼく、月島だから、もんじゃ焼きを作ったのは憶えてる。小麦粉を水で溶いて、ソースで焦がせばもんじゃになっちゃうから。おいしいって、久しぶりに出されたものをぜんぶ食べたといってたけど、そんなにおいしくなかったと思う。ソースが日本のソースじゃないのよ。

ティム・マクリーンの話　ハワイ時間で四月二九日ですね。最後の朝、吉福さんの状態が悪化したんです。医者が来て痛み止めを打って、静かになったところに弟の浩二さんが入ってきました。だんだん呼吸が変わってきて、部屋はシーンとして。吉福さんは、その場にいたひとりひとりを貫き通すような目で見たんですね。然くん、見くん、えっちゃん、浩二さん、ぼく。そして目も閉じて、はーって息を吐ききって、口を閉じて、終わり。涅槃とは、息を吐ききるという意味なんですね。そのあとはなんともいえない、時間が止まったような平和な雰囲気で、植物のあいだから黄金の光が差していました。ぼくと浩二さんでお遍路さんの白装束を着せて、旅立ちの支度を整えました。家族揃って般若心経を唱えて、お線香をあげていたら、近所の人たちやサーフィン仲間がやってきました。お酒や食べ物を持ってきて、お通夜が始まったようでした。吉福さんは最後まで吉福さんでした。オープンなスタンスは変わらなかったですね。

小川宏美の話　日本だと二〇日ですよね。その日の夜にハワイに行く予定だったんです。そうしたら、会社に出勤するときにえっちゃんから着信があって、会長室の電話を借りて国際電話をかけなおしたの。つながったときは昼くらいだったのかな。〝もう逝っちゃったよ〟って。大声で泣きました。えっちゃんと一緒に泣きました。どういう状況だったのかっていうのを聞いて、そう、浩二さんが来るのを待ってたんだなって。夜の便で飛んで、火葬場でお骨を拾いました。

高岡よし子の話　サーファーのお葬式（パドルアウト）は六月一五日でした。ノースショアは、人が自然に帰っていくのが受け入れやすい場所だなって思いましたね。私たちはえっちゃんとボートに乗って、まわりには集まった人たちがサーフボードに乗って、波に浮かんでいました。ちっちゃい子どももいましたね。セレモニーが終わると、ひとりひとりボートまできて、声を掛けていました。ほんとにえっちゃんと子どもたちは短い期間で、頑張って準備したと思います。

ベッキー・ベンソン・ジェイの話　パドルアウトはサーファーが亡くなった人を追悼する方法。海が大好きだったシンが、安らかに、そしてハッピーに眠れるように、敬意を表し、別れを告げ、記憶に残す。ハレイワのアリイビーチはシンがいちばん好きだった場所です。そこでサーフィンをすると、シンのことを思い出します。まだ一緒にいるみたいです。

アール・ダーリンの話　パドルアウト、あれよかったよね？　俺の小さいほうのボートには誰が乗ってたっけ？　そうそう。五人だったよね。エッコは何人集まるか知らなくてね。角のところを曲がって行ったら「わー、人がいっぱい！」。そう、シンはとても好かれていた。ボートの周りでみんながサーフボードに乗って、簡単なお祈りをして、セレモニーは気持ちよくてあたたかだった。大げさなことはなにもなかった。いいパドルアウトだったよ。いいオハナの祝福だった。そうとしかいいようがない。このあたりのみんな、ビーチのファミリーがみんな参加した。いい一日だった。とても、暖かくていい日だった。みんな、シンのために一本波に乗ってこい！　もちろん寂しさ、悲しさみたいなものはある。でも、周りを見渡してごらん。ハレイワがある、オハナがある、まあなんとたくさん友人がいるのだろう。確かに、遺灰を海に返した。でも、そこから先を見ないと。なにが起こっているのか、見失ってはいけない。まわりを見渡せ。どれだけの祝福を受けているか、そしてどれだけの人が、あの素晴らしい男を祝福するために集まってきたか。俺が死んでも、誰もこないよ（笑）。こう考えなきゃ。確かにシンを亡くした。でも、彼のような人生、どれだけの人が味わえる？　どれだけのガキを彼は助けたか。彼のような人生なかなか歩めないよ。シンはビーチにいるとき、いつも笑顔で、喜びにあふれていた。確かに淋しいけど、前に進まないと。扉をあけて明るいほうを見ないと。そして、彼と過ごした楽しい時間を思い出すんだ。ビーチで、子どもたちと過ごした楽しい時間を。そうすれば、心が晴れるよ。

フレッド・パターチアの話　あるときぼくは、なにかの理由でシンの家を訪れた。一、二時間デッキで風力発電の風車の話をした。なにかあるな、と感じはじめた。もう時間がないことがわかった。シンは自分が病気だとは一言もいわなかった。ただ、外に出たらわかったんだ。彼が死に向かっているということが。その時、彼のベストの状態を見たような気がする。だから彼が病気だと聞いたあと、会いに行かなかった。病気の彼を見たくなかったんだ。すごく辛かった。いま、彼を思い出すと、あのデッキで立っている姿が見える……。ぼくたちは、いい思い出だけを話した。初めて会ったときのこと、子どもたちのこと、エツコのこと、家のこと、デッキのこと、このあたりがどんなにきれいで、風車がどれだけ風景を壊したか。ゼンやケンのことをどれだけ誇りに思い、その成長を喜んでいるか。そして、疲れてしまっていること。シンは、自分は大丈夫だよといった。ああ、全部ぶちまけてしまった……。感情的にならずにこの話をしたかったたな。いままで、言葉にすることがなかったからね。ずっと、伝えたかった。シンが病気だとわかったとき、なぜ会いに行かなかったか。息子にさえいわなかった。いつか、誰かがベンチを寄贈するといいなあ。彼のことをずっと憶えていられるように。アリイビーチに、アート作品みたいなベンチができたら可愛いよ。そこに座れば、彼が眠っている海を見ていられる。ぼくも彼と同じ、珊瑚の上のきらめきにいつかなるんだ。

二〇一三年六月一五日、ノースショア・アリイビーチにて
吉福伸逸を追悼するパドルアウトがおこなわれた。
吉福との別れを惜しんで、大勢の地元住民、サーファーが
集まった。
Photo by Keoki Saguibo

あとがき

「仏に逢うては仏を殺せ」

中国臨済宗の開祖・臨済義玄（?–867）の言葉である。仏とは仏道を学ぶ者にとっての理想、到達点であるはずだ。そんな相手をも「殺せ」とは物騒な話だが、要は、自分にとっていちばん大切なものにも執着するな、ということだ。

吉福伸逸は、この言葉のとおりに生きたと思う。肩書を持たず、権威を離れ、せっかく産み落としたトランスパーソナルという赤子をたらいの水ごと流すようなことを平気でした。ものごとの本質にしか興味を示さず、今日打ち立てたセオリーを次の日には捨てた。あるときワークショップで前日と逆のことをいいはじめ、主催者の向後善之が困って「昨日と違いますよ」と指摘したことが

ある。吉福はまじまじと相手の顔を見て、

「向後さん、昨日のぼくと今日のぼくが同じだと思うかい?」。

ジョークなのか、本気なのか? 〝嘘つき〟といいたくなるのもわかる。だが、いまこの瞬間、目の前にいる相手に一〇〇パーセント向き合うことが、吉福にとってのすべてだった。時によって、相手によって、話すことが変わるなど当たり前。

いま思えば堀渕の〝嘘つき〟発言は、年の離れた弟による〝仏を殺す〟、つまり吉福が祭り上げられることを拒否する一撃だったのだろう。

だがこの男が、ただ刹那を生きるだけのニヒリストだったとしたら、あれほど大勢の人々が慕い、集まることはなかっただろう。多くの人が「吉福さんはやさしかった」、「愛があった」という。北山耕平は吉福が死んだとき、「宇宙がなくなったように感じた」とまでいう。そのやさしさはどこからきていたのか。

表向きは「セラピーは自分のため」、「ぼくはぼくのためにやっている」と、心のおもむくままに生きたように見える吉福だが、その心の奥底には深い「悲しみ」があった。ジャズをあきらめ、すべてを失った「悲しみ」が、自己のルーツを見失い、生き方に迷った者たちと共振した。二〇〇一年のアメリカ同時多発テロ、二〇一一年の東日本大震災のときも同じである。そう考えるとようやく、「悲しみの共同体」という言葉がしっくりと腑に落ちるのである。

ひとりの人間のなかで、愛と無執着、やさしさと厳しさ、創造と破壊が同居していた。自ら迷い、答えを求めた「傷ついたヒーラー」。矛盾を抱えながら、矛盾のままに生きた。それを包み隠すことなく、人間というものをトータルに丸ごと生きた。それが吉福伸逸だった。


私はまえがきに、「自己探求は永遠のテーマ」と書いた。だが一方で、「自己探求など時代遅れ、もう流行らない」との思いもある。書店から「精神世界」の棚は消え、占いや癒しを主体としたライトな感覚の「スピリチュアル」コーナーが花盛り。「自分」とは探求するものではなく、「らしく」生きるものらしい。

本書の執筆中、久しぶりにトランスパーソナルやマインドフルネスの集まりに出てみたが、トランスパーソナルはもはやスピリチュアルと同義語のようだし、仏教からスタートしたはずのマインドフルネスも、読者にとっては「自己啓発」のひとつ。〈悟り〉を求めるより、仕事のストレスを軽減し、自分の能力を高め、もっと成功し、もっと〝稼ぐ〟ことに主眼が置かれているように見える。「精神世界」もニューエイジも、しょせんドロップアウトした人々の夢だったのか。カウンター・カルチャーは、結局カウンターのままで終わるのか。

そうなのかもしれない

だが、そうだとしても、カウンターはカウンターとして存在することに意味があるのではないか。「自己探求」が夢だったとしても、先の見えない時代のなかで絶望しそうになったとき、生きづらさに押しつぶされそうになったとき、吉福伸逸の生き方が助けになるのではないか。

自分はなぜここにいるのか?

ほんとうの願いはなんなのか?

答えのない問いを深めるヒントが、この稀有な男の人生のなかに散りばめられている。

この評伝を終えるにあたり、吉福恵津子さんに感謝の気持ちを伝えたいと思います。恵津子さんにはハワイ・ノースショアで吉福さんゆかりの地を案内していただき、サーファーの取材のコーディネート、通訳もしていただきました。突然この世を去ってしまった吉福さんへの思いを抱きながら、毅然として生きる恵津子さんの姿に敬意を評します。

高岡よし子さん、小川宏美さん、向後善之さんには原稿全体に目を通していただき、的確なアドバイスをいただきました。ここにお礼申し上げます。もちろん本書の記述に間違いがあった場合、その責任はすべて著者に帰することはいうまでもありません。

個々にお名前は記しませんが、インタビューの依頼に応じてくださり、貴重な証言をしてくださった方々に改めてお礼申し上げます。本書は吉福伸逸というユニークな魂の軌跡であると同時に、「自分は誰か」、「どう生きればいいのか」と問い続けた多くの魂たちの、旅の記録でもあります。なお本書の執筆中に松本東洋さん、フレッド・パターチアさんが亡くなりました。おふたりに完成した本を渡すことができなかったことが、残念でなりません。

最後になってしまいましたが、出版に関わっていただいた工作舎の方々、とりわけ私の未熟な原稿に目をとめてくださった十川治江さんには感謝しかありません。この本は十川さんによる、〝慈悲〟出版であると心得ています。

今回私にできたのは、吉福伸逸という稀有な人間の、その輪郭をかろうじてなぞることだけでした。吉福さんのなにかが理解できたとは思えませんし、吉福さんが語った思想、哲学、世界観、セラピー理論、人間論についてはとても一冊に収まるものではなく、その検証は、今後の作業として残されています。

いま人類は、新型コロナウイルス感染症という、未曾有の危機に直面しています。安易に答えを求めるのではなく、どこまでも問いを深めていくという吉福さんの姿勢は、こうした困難な時代にこそ求められるものだと思います。

稲葉小太郎

二〇二一年二月

本書は書き下ろしです。
文中、敬称は省略させていただきました。

参考文献（本文中に記したものはのぞく）

『アイ・アム・ヒッピー　日本のヒッピームーブメント'60～90』（山田塊也著　第三書館、増補改訂版が森と出版より刊）
『愛という奇蹟　ニーム・カロリ・ババ物語』（ラム・ダス編著　大島陽子＋片山邦雄訳　パワナスタ出版）
『アーティストになれる人、なれない人』（宮島達男編　マガジンハウス）
『イクストランへの旅』（カルロス・カスタネダ著　真崎義博訳　二見書房）
『一拍遅れのいちばん乗り』（佐藤允彦著　スパイス・カムパニー・リミテッド）
『いのちとは何か　生きるとは何か』（下村満子編著　KKロングセラーズ）
『癒す心、治す力　自発的治癒とはなにか』（アンドルー・ワイル著　上野圭一訳　角川書店）
『居るのはつらいよ　ケアとセラピーについての覚書』（東畑開人著　医学書院）
『インド思想史』（中村元著　岩波書店）
『インド思想史』（早島鏡正＋高崎直道＋原実＋前田専学著　東京大学出版会）
『インド仏教史』上下2巻（平川彰著　春秋社）
『インド文明の曙　ヴェーダとウパニシャッド』（辻直四郎著　岩波新書）

『永遠の道は曲がりくねる』（宮内勝典著　河出書房新社）
『A3』（森達也著　集英社インターナショナル）
『エニアグラム　自分のことが分かる本』（ティム・マクリーン＋高岡よし子著　マガジンハウス）
『「オウム現象」の解読』（芹沢俊介著　筑摩書房）
『オウム　なぜ宗教はテロリズムを生んだのか』（島田裕巳著　トランスビュー）
『オートポイエーシス　生命システムとはなにか』（H・R・マトゥラーナ＋F・J・ヴァレラ著　河本英夫訳　国文社）
『カウンターカルチャーのアメリカ　希望と失望の1960年代』（竹林修一著　大学教育出版）
『カウンセラーへの長い旅　四十歳からのアメリカ留学』（向後善之　コスモス・ライブラリー）
『科学という考え方』（田中三彦著　晶文社）
『聴く鏡　1994〜2006』（菅原正二著　ステレオサウンド）
『聴く鏡Ⅱ　2006〜2014』（菅原正二著　ステレオサウンド）
『奇蹟を求めて』（P・D・ウスペンスキー著　浅井雅志訳　平河出版社）
『気流の鳴る音　交響するコミューン』（真木悠介著　ちくま学芸文庫）
『金色の虎』（宮内勝典著　講談社）
『暮らしの瀬戸内海　風土記下津井』（角田直一著　筑摩書房）
『クリシュナムルティの瞑想録　自由への飛翔』（J・クリシュナムルティ著　大野純一訳　平河出版社）
『クリシュナムルティの日記』（J・クリシュナムルティ著　宮内勝典訳　めるくまーる）
『*KRISHNAMURTI The Years of Awakening*』（MARY LUTYENS著　AVON BOOKS）
『グルジェフ・ワーク　生涯と思想』（K・R・スピース著　武邑光裕訳　平河出版社）
『苔のむすまで』（杉本博司著　新潮社）
『古代インドの神秘思想』（服部正明著　講談社現代新書）
『この世とあの世の風通し　精神科医加藤清は語る』（加藤清＋上野圭一著　春秋社）
『昏睡状態の人と対話する　プロセス指向心理学の新たな試み』（アーノルド・ミンデル著　藤見幸雄・伊藤雄二郎訳　日本放送出版協会）

『死ぬ瞬間　死とその過程について』（エリザベス・キュブラー・ロス著　鈴木晶訳　読売新聞社）
『ジャズギタリスト　トップ・プレイヤー28人の音楽世界と貴重な証言集』（立東社）
『ジャズ喫茶「ベイシー」の選択　ぼくとジムランの酒とバラの日々』（菅原昭二著　講談社）
『呪術師と私　ドンファンの教え』（カルロス・カスタネダ著　真崎義博訳　二見書房）
『スティーブ・ジョブズ』（ウォルター・アイザックソン著　井口耕二訳　講談社）
『精神世界の本　メディテーション・カタログ』（平河出版社）
『世界の名著Ⅰ　バラモン経典　原始仏典』（長尾雅人責任編集　中央公論社）
『*Zen Mind, Beginner's Mind*』（SHUNRYU SUZUKI著　WEATHERHILL）
『TAO　永遠の大河』（バグワン・シュリ・ラジニーシ著　スワミ・プレム・プラブッダ訳　めるくまーる）
『タブーの書』（アラン・ワッツ著　竹渕智子訳　めるくまーる）
『知覚の扉』（オルダス・ハクスリー著　河村錠一郎訳　平凡社ライブラリー）
『タントラへの道　精神の物質主義を断ち切って』（チョギャム・トゥルンパ著　風砂子・デ・アンジェリス訳　めるくまーる）
『魂の芸術　武術から宇宙へ　松田隆智対談集』（福昌堂）
『地球生活』（星川淳著　平凡社ライブラリー）
『注目すべき人々との出会い』（グレゴリー・グルジェフ著　棚橋一晃監修　星川淳訳　めるくまーる）
『天竺』（渡辺眸著　野草社）
『東洋へ　現代アメリカ精神の旅』（ハーヴィー・コックス著　上野圭一訳　平河出版社）
『トランスパーソナル心理学入門』（諸富祥彦著　講談社現代新書）
『ナチュラルハイ　わたしを超えるわたし』（上野圭一著　六興出版）
『ニューエイジの歴史と現在　地上の楽園を求めて』（レイチェル・ストーム　高橋巌＋小杉英了訳　角川書店）
『ニューヨークエクスプレス』（日野皓正著　講談社）
『NO NUKES ONE LOVE いのちの祭り'88 Jamming book』（プラサード書店）
『花男』（松本大洋　小学館）
『パワー オブ ダンス　統合セラピーの地図』（向後善之著　コスモス・ライブラリー）

『彼岸の時間　〈意識〉の人類学』（蛭川立著　春秋社）
『秘められた自由の心　カリフォルニアのチベット仏教』（タルタン・トゥルク著　林久義訳　ダルマワークス）
『分離したリアリティ』（カルロス・カスタネダ著　真崎義博訳　二見書房）
『南インドの瞑想　ラマナ・マハリシとの対話』（おおえまさのり訳編　大陸書房）
『みんなの楽しい修行　より納得できる人生と社会のために』（中野民夫著　春秋社）
『瞑想の精神医学　トランスパーソナル精神医学序説』（安藤治著　春秋社）
『やさしいかくめい　シリーズ①リアリティ』（プラサード書店）
『読ませる側の発想　雑誌より面白い編集長の話』（C＋Fフォーラム・エディトリアル）
『ラジニーシ・堕ちた神　多国籍新宗教のバビロン』（ヒュー・ミルン著　鴫沢立也　第三書館）
『ルポ　現代のスピリチュアリズム』（織田淳太郎著　宝島新書）
『'67〜'69ロックとカウンターカルチャー　激動の3年間　サマーオブラブからウッドストックまで』（室矢憲治著　河出書房新社）
『ロスト・クリスチャニティ』（ジェイコブ・ニードルマン著　伊東早苗訳　めるくまーる）
『私を変えた〈聖なる体験〉』（安藤治著　春秋社）

［映像作品］
『ワイルド・ワイルド・カントリー』（Netflix）
『ラム・ダス　最後を生きる』（Netflix）
『サイケな世界　スターが語る幻覚体験』（Netflix）
『ラスト・シャーマン』（Netflix）
『ローリング・サンダー・レビュー　マーティン・スコセッシが描くボブ・ディラン伝説』（Netflix）

吉福伸逸年譜

年	満年齢		できごと	関連事項
1943	0歳	9月16日	岡山県倉敷市で父・寿、母・富貴子の長男として誕生	
1945	1歳			第二次世界大戦終戦
1959	15歳	4月	上京。早稲田高等学院入学	
1960	16歳			1月 J・F・ケネディ大統領に就任
1961	17歳		高校2年の冬、ジャズに目覚める	1月 アート・ブレイキー初来日
1962	18歳	3月	早稲田高等学院卒業	

1962	18歳	4月	早稲田大学文学部西洋史学科入学	
			早稲田大学ハイソサエティ・オーケストラ入部	
1963	19歳		2年生からレギュラーとして活躍	11月 ケネディ大統領暗殺
1964	20歳		プロとして渋谷毅、山下洋輔らと演奏	東京オリンピック
		10月	東京オリンピックの選手村で演奏	
1965	21歳		杉山広枝と結婚	
		12月	TBS大学対抗バンド合戦ビッグバンド部門優勝	
1966	22歳		早稲田大学中退	
			日野皓正、日野元彦、ジョージ大塚、市川秀男らと共演	
1967	23歳	2月	UCバークレイに演奏旅行	
		9月	ボストンのバークリー音楽院入学。佐藤允彦と会う	
1968	24歳		菊地雅章と会う	『*The Teachings of Don Juan*』出版
1969	25歳		肺気胸で入院	国際トランスパーソナル学会設立
			ヤン・ハマーらと共演	
1970	26歳	4月	ボストンのプレイボーイクラブで演奏	

年	満年齢		できごと	関連事項
1971	27歳	1月	精神の危機	『*BE HERE NOW*』出版
		2月	ブラジルへ	4月 工作舎創立
1972	28歳	3月	メキシコへ	
		8月	バークレーへ。サンスクリットを学び始める	
			上野圭一と会う。クリシュナムルティの講演会	
1973	29歳		杉本博司、堀淵清治らと会う	11月『ノストラダムスの大予言』出版
1974	30歳		日本へ帰国	『*New Age Journal*』創刊
		4月	堀渕伸治と会う	
		7月	おおえまさのりと会う、サンスクリット語講座	
		11月	オーム・ファウンデーション（おおえまさのり主宰）設立に参加	
1975	31歳	7月	『AUM』に寄稿	『*The Tao of Physics*』出版
1976	32歳	3月	『宝島』『なまえのないしんぶん』に寄稿	
			サタデーナイト・パーティ	
		6月	西荻フリースクールで「COSMIC ENGLISH」担当	

1977	33歳	4月	ほびっと村学校でサンスクリット語講座担当	
		5月	『オレンジ色を聴いたかい？ ビートルズからベイ・シティ・ローラーズまで』（吉福逸郎＋高橋はじめ＋青山貢編 エイプリル出版）	『*Spectrum of Consciousness*』出版
		11月	『こころある旅 インド』（其馬基彦＋プラブッダ＋山尾三省＋吉福伸逸ほか著 エイプリル出版）	10月『ザ・メディテーション』創刊
		11月	『ジェームス・ディーン 青春に死す』（ジョン・ハウレット著 吉福逸郎訳 エイプリル出版）	
1978	34歳	1月	『ザ・メディテーション』2号「精神世界の本ベスト１００」	4月 阿含宗立宗
		3月	インド取材旅行。ラジニーシ、サイババのアシュラムへ	
		9月	三澤豊とバークレーへ、ラム・ダス、カプラと会う	
1979	35歳	1月	『ビー・ヒア・ナウ 心の扉をひらく本』（ババ・ラム・ダス＋ラマファウンデーション著 上野圭一＋吉福伸逸訳 エイプリル出版）	『ザ・メディテーション』休刊
		1月	『東方への旅』（ロバート・グリーンフィールド著 吉福伸逸訳 エイプリル出版）	
		9月	C＋Fコミュニケーションズ設立	3月『アーガマ』創刊
		11月	『タオ自然学 現代物理学の先端から「東洋の世紀」がはじまる』（F・カプラ著 吉福伸逸＋田中三彦＋島田裕巳＋中山直子訳 工作舎）	
1980	36歳	2月	『別冊宝島⑯ 精神世界マップ』（C＋Fコミュニケーションズ著 JICC出版局）	

年	満年齢		できごと	関連事項
1980	36歳	7月	竹田恵津子と結婚	
1981	37歳	7月	長男然誕生	ラジニーシ、インドを出国してアメリカへ
1982	39歳	10月	C＋F高円寺に移転	
1983	39歳	4月	C＋Fフォーラム・エディトリアル開校	
		4月	『呪術師カスタネダ 世界を止めた人類学者の虚実』（R・デ・ミル＋M・マクナホーン著 高岡よし子＋藤沼瑞枝訳 吉福伸逸監修 大陸書房）	
		5月	『タントラ 狂気の智慧』（チョギャム・トゥルンパ著 高橋ユリ子＋市川道子訳 吉福伸逸監訳）	『*Out on a Limb*』刊行
1984	40歳	1月	『マジカル・チャイルド育児法 誰も知らなかった脳発達のプログラム』（J・C・ピアス著 高橋ゆり子＋菅靖彦訳 吉福伸逸監訳 日本教文社）	2月 オウム神仏の会設立
		3月	『20世紀の神秘思想家たち アイデンティティの探求』（A・バンクロフト著 吉福伸逸訳 平河出版社）	
		3月	岡野守也と会う	
		8月	『霊的存在のアンソロジー』（山折哲雄＋佐々木宏幹＋吉福伸逸ほか著 阿含宗総本山）	
		11月	『ターニング・ポイント 科学と経済・社会、心と身体、フェミニズムの将来』（F・カプラ著 吉福伸逸＋田中三彦＋上野圭一＋菅靖彦訳 工作舎）	
			スタッフによるブレスワーク（丹沢の民宿）	

1985	41歳	4月	第9回トランスパーソナル国際会議（京都）	
		4月	『意識のスペクトルⅠ 意識の進化』（K・ウィルバー著 吉福伸逸＋菅靖彦訳 春秋社）	
		6月	『グローバル・ブレイン 情報ネットワーク社会と人間の課題』（P・ラッセル著 吉福伸逸＋靏田栄作＋菅靖彦訳 工作舎）	
		7月	初めての一般向けブレスワーク（天河弁財天）	
		11月	日本科学哲学会シンポジウム	
		12月	『意識のスペクトルⅡ 意識の深化』（K・ウィルバー著 吉福伸逸＋菅靖彦訳 春秋社）	
1986	42歳	3月	『パラダイム・ブック 新しい世界観 新時代のコンセプトを求めて』（C＋Fコミュニケーションズ編・著 日本実業出版社）	2月 クリシュナムルティ死去
		4月	『宇宙意識への接近 伝統と科学の融和』（河合隼雄＋吉福伸逸共編 春秋社）	4月 チェルノブイリ原発事故
		5月	『グリーン・ポリティックス』（F・カプラ著 田中三彦＋靏田栄作訳 青土社）	
		6月	『アメリカ現代思想1 科学、心理学、フェミニズムかセラピーまで』（吉福伸逸監修 阿含宗総本山出版局）	
		6月	『無境界 自己成長のセラピー論』（K・ウィルバー著 吉福伸逸訳 平河出版社）	
		10月	『トランスパーソナル宣言 自我を越えて』（R・ウォルシュ＋F・ヴォーン著 吉福伸逸訳・編 春秋社）	

年	満年齢		できごと	関連事項
1986	43歳	10月	『意識の科学 ホリスティックなヒーリングへの道』（K・ペレティエ著 吉福伸逸＋プラブッダ訳 工作舎）	
		11月	『グローバル・トレンド ポスト産業社会を実践する人間・科学・文化のガイドブック』（田中三彦＋吉福伸逸監修 C＋Fコミュニケーションズ編・著 TBSブリタニカ）	
		11月	『アメリカ現代思想2 科学、心理学、フェミニズムからセラピーまで』（吉福伸逸監修 阿含宗総本山出版局）	
		11月	高野山大学百周年記念シンポジウム	
		11月	『ポジティブ・シンキング』（S・ガワイン著 大野純一＋大塚正之訳 吉福伸逸解説 阿含宗総本山出版局）	
		12月	次男見誕生	
1987	43歳	2月	『意識のターニングポイント』（吉福伸逸＋松澤正博著 泰流社）	
		4月	『眼には眼を 三つの眼による知の様式と対象域の地平』（K・ウィルバー著 吉福伸逸＋プラブッダ＋菅靖彦＋田中三彦訳 青土社）	
		5月	『ニューエイジ・ブック 新しい時代を読みとる42のニュー・パラダイム』（C＋Fコミュニケーションズ編・著 フォーユー）	
		5月	『エニアグラム入門 性格の9タイプとその改善』（P・エ・オリアリー＋M・ビーシング＋R・J・ノゴセック著 堀口委希子＋鈴木秀子訳 吉福伸逸解説 春秋社）	
		6月	『アートマン・プロジェクト』（K・ウィルバー著 吉福伸逸＋プラブッダ＋菅靖彦訳 春秋社）	

1987	44歳	6月	『アメリカ現代思想3 科学、心理学、フェミニズムからセラピーまで』 （吉福伸逸監修 阿含宗総本山出版局）	7月 宗教団体オウム真理教設立
		7月	『トランスパーソナルとは何か』 （吉福伸逸著 春秋社）	
		7月	『個を越えるパラダイム 古代の叡智と現代科学』 （S・グロフ編 吉福伸逸編訳 平河出版社）	
		8月	『量子の公案 現代物理学のリーダーたちの神秘観』 （K・ウィルバー編 田中三彦＋吉福伸逸訳 工作舎）	
		9月	人間性心理学会のシンポジウムで講演	
		10月	有限会社C＋F研究所設立	
		11月14日	川崎大師のシンポジウムで講演	
		12月	SENワークショップ（ほびっと村）	
		12月	『パシフィック・シフト 文化生態圏の転換』 （W・E・トンプソン著 吉福伸逸＋プラブッダ＋木幡和枝訳 春秋社）	
		12月	『ビー・ヒア・ナウ 心の扉をひらく本』 （ババ・ラム・ダス＋ラマファウンデーション著 吉福伸逸＋上野圭一＋プラブッダ訳 平河出版社）	
1988	44歳	1月	日本ユングクラブ総会で河合隼雄と対談	
			『無意識の探検 トランスパーソナル心理学最前線』 （吉福伸逸著 TBSブリタニカ）	

年	満年齢		できごと	関連事項
1988	44歳	1月	『自己発見の冒険1 ホロトロピック・セラピー』（S・グロフ著 吉福伸逸＋菅靖彦訳 春秋社）	8月 いのちの祭り'88 No Nukes One Love
		5月	『天使のおそれ 聖なるもののエピステモロジー』（G・ベイトソン＋C・ベイトソン著 吉福伸逸＋星川淳訳 青土社）	
		7月	『脳を越えて』（S・グロフ著 吉福伸逸＋星川淳＋菅靖彦訳 春秋社）	
		7月	『こころの不思議、神の領域』（遠藤周作著 対談収載 PHP研究所）	
		11月	『非常の知 カプラ対話集』（吉福伸逸＋星川淳＋田中三彦＋上野圭一訳 工作舎）	
		12月	『魂の芸術 武術から宇宙へ 松田隆智対談集』（松田隆智著 対談収載 福昌堂）	
1989	45歳	1月	『シャーマンへの道 「力」と「癒し」の入門書』（M・ハーナー著 高岡よし子訳 吉福伸逸監修 平河出版社）	1月 昭和天皇崩御、平成へ改元
		1月	『自己成長の基礎知識1 深層心理学』（R・フレイジャー＋J・ファディマン編著 吉福伸逸監訳 春秋社）	
		2月	『タオのプーさん』（B・ホフ著 松下みさを＋吉福伸逸訳 平河出版社）	
		4月	『自己成長の基礎知識Ⅲ 東洋の心理学』（R・フレイジャー＋J・ファディマン著 吉福伸逸監訳＋星川淳訳 春秋社）	
		5月	S・グロフ来日、高野山などでブレスワーク	

1989	46歳	5月	『オルターナティブ・ヴィジョン 新たな価値体系の思潮』（吉福伸逸編・訳 阿含宗総本山出版局）	
		6月	『聖なる愚か者 内なる道化と人生の創造性』（R・リビングストン著 吉福伸逸訳・解説 アニマ2001）	
		9月	『ユング心理学の新たな発展』（A・ミンデル著 吉福伸逸編集・監訳）	
		10月	『トランスパーソナル・セラピー入門』（吉福伸逸著 平河出版社）	
		10月20日	ハワイへ出発	
		11月	『ここは宇宙一番地』（松本東洋著 吉福伸逸解説 アズ工房発行 童話社発売）	11月 坂本弁護士一家殺害事件 ベルリンの壁崩壊
1990	46歳		ノースショアでサーフィンをはじめる	
		3月	『センタリング・ブック』（G・ヘンドリックス＋R・ウィルズ著 手塚郁恵訳 吉福伸逸解説 春秋社）	
		7月	『生老病死の心理学』（吉福伸逸著 春秋社）	
		11月	『マイ・レボリューション』（J・ルービン著 田中彰訳 吉福伸逸解説 めるくまーる）	
1991	47歳		ノースショアで伏見康博と会う	
		3月	『自己成長の基礎知識2 身体・意識・行動・人間性の心理学』（J・ファディマン＋R・フレイジャー著 吉福伸逸監訳 春秋社）	バブル崩壊

年	満年齢		できごと	関連事項
1991	47歳	6月	『臨床心理学大系15 臨床心理学の周辺』 （河合隼雄＋福島章＋吉福伸逸ほか著 金子書房）	
		10月	『テーマは「意識の変容」』 （吉福伸逸＋岡野守也著 春秋社）	
1992	48歳	7月12日	宗教・霊性・意識の未来シンポジウム	
		11月	『誕生の記憶』 （井深大＋立花隆＋吉福伸逸ほか著 春秋社）	
1993	49歳	3月	『処女航海』 （吉福伸逸著 青土社）	
		7月	観音温泉のワークショップ	
1994	51歳	10月	『タオとコブタ』 （ベンジャミン・ホフ著 松下みさを訳 吉福伸逸監修 平河出版社）	
1995	51歳	4月	『新ターニング・ポイント ポストバブルの指針』 （F・カプラ著 吉福伸逸＋田中三彦＋上野圭一＋菅靖彦訳 工作舎）	1月17日 阪神・淡路大震災 3月20日 地下鉄サリン事件
1996	52歳	5月	第1回日本トランスパーソナル学会で講演	
		5月	『トランスパーソナル・ヴィジョン3 意識の臨界点』 （吉福伸逸監修 雲母書房）	
		6月	『新装版 パラダイム・ブック』 （C＋Fコミュニケーションズ編著 吉福伸逸監修 日本実業出版社）	
		11月	『21世紀に伝えたいこと 7世代後のいのちのために』 （司馬遼太郎＋木村尚三郎＋吉福伸逸ほか著 工作舎）	

1998	54歳	1月	『イブの出産、アダムの誕生 お産を愛する人たちが語るもうひとつの出産』 （きくちさかえ著 対談収載 農文協）	
1999	55歳	4月	『流体感覚』 （吉福伸逸著［対談者］松岡正剛、見田宗介、中沢新一 雲母書房）	
2001	57歳	9月2日	天外伺郎と対談	
		9月	『楽園瞑想 神話的時間を生きなおす』 （宮廻千鶴＋吉福伸逸著 雲母書房）	9月11日 アメリカ同時多発テロ
2002	58歳	9月	『心の時代を読み解く二十一世紀に宗教は必要か』 （天外司郎著 対談収載 飛鳥新社）	
2003	59歳	6月22日	ハワイ・マウイ島でのワークショップ	イラク戦争、フセイン大統領逮捕
2004	60歳	2月22日	ホロトロピック・ネットワークで講演	
		4月	ワークショップを再開	
2005	61歳	1月	『トランスパーソナルとは何か（増補改訂版）自我の確立から超越へ』 （吉福伸逸著 新泉社）	
		4月9日	岡野守也と討論（仏教伝道センター）	
		4月	セラピスト養成講座開講	
2006	62歳		3月と9月に帰国、講演とワークショップ	
2007	63歳		3月と9月に帰国、講演とワークショップ	

年	満年齢		できごと	関連事項
2008	64歳		3月と9月に帰国、講演とワークショップ	9月 リーマンショック
2009	65歳		3月と9月に帰国、講演とワークショップ	1月 オバマ大統領就任
2010	66歳		4月と9月に帰国、講演とワークショップ	
		4月19日	豊洲シエルタワーでの連続講義	
2011	67歳		4月と8月に帰国、講演とワークショップ	3月11日 東日本大震災
2012	68歳		4月と9月に帰国、講演とワークショップ	
		4月13日	東北でのワークショップ	
		10月19日	最後のワークショップ（南伊豆国民休暇村）	
2013	69歳	4月30日	（現地時間29日）吉福伸逸逝去	
		6月15日	ノースショア・アリイビーチにてパドルアウト	
		7月17日	吉福伸逸さんの旅立ちを祝う会（国際文化会館）	
		7月20日	吉福伸逸メモリアル（増上寺）	
2014		4月	『仏教のコスモロジーを探して 古くて新しい仏教のいま』（田口ランディ著 対談収載 サンガ）	

2015		8月	『世界の中にありながら世界に属さない』（吉福伸逸著 サンガ）	
2019		7月	『静かなあたまと開かれたこころ 吉福伸逸アンソロジー』（吉福伸逸著 サンガ）	5月 天皇明仁退位、令和へ改元
2020				新型コロナウィルス感染症世界的流行
2021		4月	『仏に逢うては仏を殺せ　吉福伸逸とニューエイジの魂の旅』（稲葉小太郎著 工作舎）	

［著者プロフィール］

稲葉小太郎　INABA, Kotaro

一九六一年生まれ。東京大学文学部印度文学印度哲学専修過程修了。在学中にバグワン・シュリ・ラジニーシ、クリシュナムルティを知り「精神世界」に興味をもつ。卒業後は情報センター出版局をへて、マガジンハウスに入社。編集者として雑誌『クロワッサン』、『自由時間』、『リラックス』、『GINZA』などを担当。現在はフリーの編集者、ライターとして活動する。著書に『コンビニエンス・マインド』（大蔵出版）がある。

仏《ほとけ》に逢《お》うては仏を殺せ——吉福伸逸《よしふくしんいち》とニューエイジの魂の旅

発行日——二〇二一年四月二〇日
著者——稲葉小太郎
カバー写真——杉本博司
編集——十川治江
エディトリアル・デザイン——佐藤ちひろ
印刷・製本——シナノ印刷株式会社
発行者——岡田澄江
発行——工作舎　editorial corporation for human becoming
〒169-0072　東京都新宿区大久保2-4-12　新宿ラムダックスビル12F
phone：03-5155-8940　fax：03-5155-8941
URL：www.kousakusha.co.jp
e-mail：saturn@kousakusha.co.jp
ISBN978-4-87502-526-9

タオ自然学
◆F・カプラ　◆吉福伸逸＋田中三彦＋島田裕巳ほか＝訳
気鋭の理論物理学者による、東洋と西洋の自然観を結ぶ壮大かつ魅力的な試み。世界一八か国語に翻訳されたベストセラー。ニューサイエンスの原点。
●A5判変型上製●386頁●定価　本体2200円＋税

新ターニング・ポイント
◆F・カプラ　◆吉福伸逸＋田中三彦＋上野圭一ほか＝訳
政治経済の混迷、指針をうちだせない経済モデル、薬とテクノロジーの濫用に暴走する医療など、二〇世紀における機械論的な世界観の限界を徹底的に洗いだす。
●四六判上製●336頁●定価　本体1900円＋税

意識の科学
◆ケネス・ペレティエ　◆吉福伸逸＋スワミ・プレム・プラブッダ＝訳
生命と意識について、心と身体、西洋医学のテクノロジーと東洋の瞑想法の対立を超えたあらたな道を、ホリスティックにとらえ直す。
●A5判上製●376頁●定価　本体2200円＋税

地球生命圏
◆J・ラヴロック　◆星川　淳＝訳
地球を生命体としてとらえる「ガイア仮説」の原典。元NASAのプログラマーが、大気分析、海洋分析、システム工学などを駆使して地球の健康を科学する。
●四六判上製●304頁●定価　本体2400円＋税

ガイアの時代
◆J・ラヴロック　◆星川　淳＝訳
地球の病気は誰が癒すのか？　四〇億年のガイアの進化・成長史を豊富な事例によって鮮やかに検証。ガイアの病の原因を究明し、人類の役割を問う。
●四六判上製●392頁●定価　本体2330円＋税

ガイアの素顔
◆フリーマン・ダイソン　◆幾島幸子＝訳
二〇世紀を代表する物理学者が、ファインマンら知の巨人たちとの交流、理想の科学教育、宇宙探査の未来など科学の役割・人類の行方を語ったエッセイ集。
●四六判上製●384頁●定価　本体2500円＋税

植物の神秘生活

◆P・トムプキンズ＋C・バード　◆新井昭廣＝訳

植物の神秘を研究した科学者、園芸家の成果を紹介する博物誌。テクノロジーと自然との調和を目指し、植物と人間の未来を示唆するロングセラー。

●四六判上製●608頁●定価　本体3800円＋税

蜜蜂の生活

◆M・メーテルリンク　◆山下知夫＋橋本　綱＝訳

『青い鳥』の詩人であり博物神秘学者でもある著者が、蜜蜂の生態を克明に観察し、その社会を統率している「巣の精神」に地球の未来を読みとる。

●四六判上製●296頁●定価　本体2200円＋税

精神と物質

◆エルヴィン・シュレーディンガー　◆中村量空＝訳

人間の意識と進化、そして人間の科学的世界像について、精神の問題を含む独自の考察を深めた、現代物理学の権威シュレーディンガーの講演録。

●四六判上製●176頁●定価　本体1900円＋税

身体化された心

◆F・ヴァレラ＋E・トンプソン＋E・ロッシュ　◆田中靖夫＝訳

仏教思想をもとに、従来の認知科学の前提に根本的な疑問を投げかけ、認知を「身体としてある行為」と見るエナクティブ（行動化）・アプローチを語る。

●四六判上製●400頁●定価　本体2800円＋税

サイケデリック・ドラッグ

◆L・グリンスプーン＋J・B・バカラー　◆杵渕幸子＋妙木浩之＝訳

LSD、メスカリン、MDAなど、ドラッグの豊富な事例とともに、シャーマンとともにあった歴史、60年代の大衆化から医療利用までを専門医が論じる本格的研究書。

●A5判上製●540頁●定価　本体5000円＋税

チベット密教の真理

◆ラマ・アナガリカ・ゴヴィンダ　◆山田耕二＝訳

仏教思想の真髄をいまに伝えるチベット仏教の名著復刊！　緊密に結びついて精神の覚醒システムを構成していたマントラ、ムドラーなどの象徴を読み解く。

●A5判上製●488頁●定価　本体3800円＋税